Renate Zimmer

# Schafft die Stühle ab!

W0170967

# HERDER spektrum

## Band 5228

**Das Buch**

Kinder verbringen ebenso wie Erwachsene den größten Teil des Tages im Sitzen – in der Schule, bei den Hausaufgaben, vor dem Fernseher, beim Computerspielen. Für eine gesunde Entwicklung brauchen sie jedoch unmittelbare Sinneserfahrungen, wie sie über Bewegung möglich werden – beim Rennen, Klettern, Springen und Toben.
Renate Zimmer zeigt, wie man Kindern solche Erfahrungen zugänglich machen kann – auch in der Stadt, auch dann, wenn die Wohnung nicht viel Raum bietet. Sie gibt Anregungen, wie Eltern dem Spiel- und Bewegungsbedürfnis der Kinder entgegenkommen können und stellt Spiele für die Wohnung ebenso wie für Hof, Garten und Straße vor: zum Toben und zum Entspannen, für Kindergeburtstage und Eltern-Kinder-Feste. Die Ideen sind mit einfachen Mitteln realisierbar und verhelfen Kindern nicht nur zu besserer Körperkontrolle und erhöhtem Konzentrationsvermögen, sondern auch zu mehr Selbstvertrauen.
Anstiftungen zu einer „bewegten Kindheit", die auch Eltern Spaß machen.

**Die Autorin**

Renate Zimmer ist Professorin für Sportpädagogik an der Universität Osnabrück. Sie arbeitet selbst regelmäßig mit Kindern und ist in der Erzieher- und Lehrerfortbildung tätig. Zahlreiche Veröffentlichungen auf dem Gebiet der Bewegungserziehung und der Psychomotorik. Bei Herder u.a.: Was Kinder stark macht. Fähigkeiten wecken – Entwicklung fördern (Herder Spektrum 4976); Kreative Bewegungsspiele – Psychomotorische Förderung im Kindergarten; Handbuch der Bewegungserziehung; Handbuch der Sinneswahrnehmung; Tanz – Bewegung – Musik. Situationen ganzheitlicher Erziehung im Kindergarten.

Renate Zimmer

# Schafft die Stühle ab!

Was Kinder durch Bewegung lernen

**HERDER**

FREIBURG · BASEL · WIEN

Fotonachweis:
Lisa Volkamer: S. 41, 49, 55, 76, 78, 80, 81, 123, 139
Renate Zimmer: S. 7, 13, 15, 21, 27, 35, 38, 39, 67, 86, 91, 95, 107,
109, 113, 115, 117, 119, 129, 143, 155
Zeichnung: Kerstin Tieste

Überarbeitete Neuausgabe

www.herder.de
Herstellung: fgb · freiburger graphische betriebe 2002
www.fgb.de
Umschlaggestaltung und Konzeption: R·M·E München/
Roland Eschlbeck, Liana Tuchel
Umschlagfoto: © Renate Zimmer
ISBN 3-451-05228-8

# Inhalt

# Vorwort

Kinder sind Kinder und Kinder wollen rennen, klettern, springen und toben. Sie wollen dies vor allem, weil es ihnen Freude und Spaß macht, sie brauchen es aber auch, weil sie nur über Bewegungstätigkeiten ihre Umwelt und sich selbst kennenlernen können.

Kinder nehmen die Welt weniger mit dem „Kopf", also mit ihren geistigen Fähigkeiten, über das Denken und Vorstellen auf, sie nehmen sie vor allem über ihre Sinne, über ihre Tätigkeit, mit ihrem Körper wahr.

Die heutigen Lebensbedingungen, unter denen die meisten Kinder aufwachsen, bieten ihnen jedoch nur wenig Gelegenheiten für solche Erfahrungen „aus erster Hand". In der Welt der Erwachsenen haben Technik und Motorisierung den Vorrang, Computer und Fernsehen werden zu Spielpartnern der Kinder, ihre Ausdrucks- und Erfahrungsmöglichkeiten verkümmern mehr und mehr.

Dieser Tendenz soll durch das vorliegende Buch ein Gegengewicht gesetzt werden:

Trotz der Verführungsmacht der Medienwelt gibt es für Kinder nämlich kaum etwas Schöneres, als herumzutoben, zu rennen, zu spielen, sich zu bewegen. Durch eine anregungsreiche Bewegungsumwelt, durch das Schaffen vielfältiger Bewegungsmöglichkeiten und das Eingehen auf die kindlichen Bewegungsbedürfnisse können Eltern in hohem Maße dazu beitragen, die Persönlichkeitsentwicklung ihrer Kinder zu unterstützen. Eltern, Erzieherinnen und Erzieher, Geschwister, ja – alle Erwachsenen sind dabei aufgefordert, Partner und Mitspieler zu sein. Sie können Anregungen geben und mit dem Kind gemeinsam Spielideen entwickeln, damit auch in einer bewegungsfeindlichen Umwelt die elementaren kindlichen Ausdrucks- und Erfahrungsmöglichkeiten nicht zu kurz kommen.

Die Spielvorschläge in diesem Buch enthalten nicht nur pädagogisch angeleitete, von Erwachsenen initiierte und beaufsichtigte Spiele, die unter Umständen den Freiraum der Kinder zum selbstbestimmten Spielen noch mehr begrenzen. Sie sind auch nicht als Lückenfüller gedacht, um jede freie Minute mit einem neuen Beschäftigungsprogramm zu versehen. Kinder müssen auch lernen, mit dem Nichtstun fertig zu werden, Langeweile auszuhalten, selbst Initiativen zu entwickeln, um aus ihr herauszukommen.

Wohl aber brauchen sie manchmal Anregungen und Impulse, die ihre Phantasie unterstützen und sie schöpferisch tätig werden lassen.

Deswegen sind die Bewegungsangebote auch so zu verstehen, daß sie Kindern immer genügend Entscheidungsspielraum und Gestaltungsfreiheit lassen. Nur wenn Kinder sich selbst als Urheber ihrer Handlungen wahrnehmen, werden sie in ihrer Entwicklung gefördert und damit optimal auf ihre Zukunft vorbereitet und können gleichzeitig aber auch das Glück des heutigen Tages erleben und genießen.

Das Buch soll dazu beitragen, daß Erwachsene
– Kinder nicht einfach dem Einfluß der Medien überlassen, sondern Gegenakzente zu der Berieselung durch Fernsehen und Computer setzen;
– Kinder in ihrem Bewegungsdrang akzeptieren;
– verstehen, warum es für die kindliche Entwicklung wichtiger ist, vielseitige Bewegungserfahrungen zu machen, als eine frühe geistige Förderung zu erhalten;
– es zulassen, wenn Kinder die Bewegungsmöglichkeiten um sich herum nutzen, wenn sie über Bewegung ihre Welt entdecken wollen;
– mit Kindern auch selbst Bewegungsspiele machen, daß sie mit ihnen zum Beispiel raufen und rennen, seilspringen und radfahren;

9

– Anregungen erhalten, wie sie mit Lust und Freude mit Kindern aktiv sein können.

Vielleicht gelingt es den Eltern, durch die nachfolgenden Ideen der Überflutung des Kinderzimmers mit technischem und elektronischem Spielzeug entgegenzuwirken und wieder mehr Bewegung ins Familienleben zu bringen. Dabei ist es allerdings wichtig, Kinder nicht zu belehren und ihnen nicht zu viele Vorschriften zu machen, denn sonst wird ihre Aktivität und Neugierde erstickt. Viel schöner ist es, sich gemeinsam mit den Kindern auf das Abenteuer des Entdeckens neuer Spielmöglichkeiten und das Wiederentdecken längst vergessener Bewegungsspiele einzulassen.

Daher kann es in diesem Buch auch nicht darum gehen, Übungen vorzustellen, anhand derer die Bewegungsentwicklung der Kinder gezielt gefördert wird oder Bewegungsgeräte zu präsentieren, die bestimmte motorische Funktionen trainieren. Viel wichtiger ist es, Raum und Gelegenheiten für abwechslungsreiche Bewegungsspiele zu geben, bei denen sie ihren Körper und all ihre Sinne einsetzen können, Bewegungsmöglichkeiten auch in der unmittelbaren Umgebung zu entdecken, die alltägliche Lebenswelt kindgerechter und damit auch bewegungsgerechter zu machen.

Dies alles setzt jedoch ein Wissen um die Bedeutung von Bewegung und Wahrnehmung für die Entwicklung von Kindern voraus.

Die Mitgliederschaft in einem Sportverein, der Besuch einer Ballettgruppe oder andere organisierte Bewegungsmöglichkeiten und Sportaktivitäten können zwar das Bewegungsleben der Kinder bereichern und ihnen auch Gelegenheit geben, gemeinsam mit anderen Sport zu treiben. Sie alleine reichen jedoch nicht aus, um den Bewegungsdrang der Kinder zu befriedigen und ihren Bedürfnissen, sich die Wirklichkeit über Bewegung anzueignen, nachzukommen.

Da es heute nicht mehr selbstverständlich ist, daß Fangspiele, Nachlaufen, Ball- oder Steinchenspiele von älteren Kindern an jüngere weitergegeben werden, brauchen Kinder oft auch Anregungen von den Erwachsenen. Deswegen sind in diesem Buch sowohl Spielideen für Erwachsene und Kinder als auch solche für Kindergruppen enthalten. Die meisten der angegebenen Spiele kommen ohne Gewinnen und Verlieren aus. Sie bleiben so lange attraktiv, wie die Beteiligten Lust am Spielen und an der Bewegung haben.

Die Spielvorschläge sind für Kinder von einem bis zehn Jahren gedacht. Je nach Schwierigkeitsgrad sind eher ältere (Regelspiele) oder eher jüngere Kinder angesprochen. Aber jede Spielidee kann natürlich auch erleichtert oder erschwert werden und damit anderen Altersgruppen offenstehen. Die Beispiele sollen sogar dazu animieren, von den Spielteilnehmern entsprechend ihren eigenen Bedürfnissen und Ideen abgewandelt zu werden.

Aber nicht nur Kinder – auch Erwachsene werden in diesem Buch angesprochen. Auch sie sind in ihrem Alltags- und Berufsleben einseitigen Belastungen ausgesetzt. Mehr Bewegung könnte ihr Wohlbefinden und ihre psycho-physische Gesundheit erheblich steigern.

Neugierige, aktive, aber auch einfühlsame Erwachsene, die sich gemeinsam mit Kindern auf die Reise der Entdeckung des Körpers und der Sinne begeben; fröhliche Kinder, die die Erwachsenen mit ihrer Bewegungslust anstecken – das wünscht sich die Autorin des Buches!

*Renate Zimmer*

# 1. „Sitz' schön still und halt' den Mund"

## Leben in einer Sitzgesellschaft

Wir sitzen zu viel und bewegen uns zu wenig. Das Sitzen ist in unserer Gesellschaft zu der am häufigsten eingenommenen Körperhaltung geworden. Beim Essen, beim Arbeiten, beim Hausaufgaben machen, im Auto, in der Schule, im Kindergarten, beim Fernsehen, am Computer, im Wartezimmer beim Arzt: Nicht nur die Erwachsenen, auch die Kinder verbringen die meiste Zeit des Tages auf Stühlen. Sogar beim Spielen würden es die Erwachsenen am liebsten sehen, wenn die Kinder brav und ruhig am Tisch säßen.

Die Schule ist eine Sitzschule, der Kindergarten ein Sitzkindergarten – in unserer Sitzgesellschaft scheinen die Stühle zu den wichtigsten Einrichtungsgegenständen zu gehören. Im Kindergarten gibt es für jedes Kind einen Stuhl, aber nur eineinhalb Quadratmeter Fläche im Gruppenraum – inklusive Stuhl und Platz am Tisch (dieser Wert ist in den jeweiligen Bundesländern unterschiedlich).

Da hilft nur, die Stühle rauszuräumen und sie eben nur bei Bedarf wieder aufzustellen. Auch im Kinderzimmer ist es oft angebracht, auf den – sowieso kaum gebrauchten – Schreibtisch samt Stuhl zu verzichten und Platz zu machen für großräumige Bewegungsspiele. Hausaufgaben machen die jüngeren Kinder sowieso lieber am Küchentisch, dort, wo der Rest der Familie sich aufhält, wo jemand ist, den sie fragen und mit dem sie sich zwischendurch auch einmal unterhalten können.

Erwachsene – Eltern, Erzieher und vor allem Lehrer – meinen häufig, lernen könne man nur bei Ruhe und Konzentration, und dazu sei vor allem Sitzen erforderlich. Dies trifft für

Kinder aber nicht zu: Sitzen ist für sie eher eine Strafe als ein Genuß. Viel lieber liegen sie auf dem Boden, laufen herum, wippen und federn auf Bällen, und in solchen von ihnen bevorzugten Körperlagen können sie sich auch viel besser konzentrieren. Sie lernen am besten in einer entspannten Atmosphäre, wenn sie Spaß und Freude empfinden – und dazu gehört auch, sich körperlich wohl zu fühlen. Eine Einengung der körperlichen Bedürfnisse hat meist auch eine Einengung der geistigen Beweglichkeit zur Folge.

Natürlich ist dies Buch kein Feldzug gegen die Stuhlmöbelindustrie. Aber es ist ein Plädoyer gegen die Gleichsetzung von Ruhe, Konzentration und gutem Benehmen mit ordentlichem Sitzen.

Sitzen ist weder gesund noch fördert es die Konzentration. Im Gegenteil, es behindert sie geradezu. Kinder brauchen Bewegung – und dies nicht nur an dafür vorgesehenen Orten und zu bestimmten Zeiten, sondern überall dort, wo sie sich aufhalten. Nur wenn Kinder ausreichend Bewegungsmöglichkeiten haben, können sie auch zu Ruhe und Konzentration finden. Und dann schadet auch ein (gut geformter) Stuhl nicht.

## Wie Kinder ihre Welt wahrnehmen

*Felix stürmt die vielen Stufen einer Steintreppe hinauf. Oben angekommen, dreht er sich um, springt die Treppe wieder hinunter, mit beiden Füßen gleichzeitig, von einer Stufe zur anderen. Unermüdlich steigt er auf und ab, nimmt gleich zwei Stufen auf einmal.*

*„Felix", ruft die Mutter, „komm sofort her, wir müssen uns beeilen."*

*Widerwillig läßt sich Felix von der Treppe losreißen, bietet sie doch so viele interessante Spielmöglichkeiten: raufrennen, runterspringen, alle Stufen auf einmal nehmen oder einfach von Stufe zu Stufe springen, beidbeinig oder abwechselnd auf dem rechten oder linken Bein.*

*Blödes Einkaufen, nie kann man in Ruhe spielen, wenn die Erwachsenen etwas vorhaben.*

*Aber schon naht die nächste Gelegenheit: Ein schmaler Mauervorsprung, gerade richtig zum Balancieren. Felix steigt auf und frohlockt, vorsichtig setzt er einen Fuß vor den anderen.*

*„Felix, was ist denn nun schon wieder", hört er die Mutter, „komm doch endlich". Gar nichts darf man aber auch, denkt Felix wütend, trottet lustlos zur Mutter, nicht ohne auf dem Bürgersteig noch eben eine Pfütze zu überqueren. Er springt darüber, landet haarscharf neben der Wasserlache, neben ihm spritzt das Wasser in alle Richtungen.*

*„Muß das denn jetzt auch noch sein?" ist die Mutter zu hören.*

Ja, es muß sein, all dies ist notwendig und ganz normal für ein gerade vierjähriges Kind, das dabei ist, sich die Welt zu erobern, und dabei vor allem seinen Körper und seine Sinne einsetzt.

Kinder bewegen sich, wo immer sie Gelegenheit dazu haben und auch dann (gerade dann), wenn sie es nicht sollen. Sie nehmen ihre Umwelt als Bewegungswelt wahr, auch wenn diese ursprünglich gar nicht dazu gedacht ist.

In den ersten Lebensjahren ist Bewegung ein wichtiges Erfahrungsmittel, von dem es abhängt, in welcher Weise das Kind Eindrücke aus seiner Umwelt aufnimmt und verarbeitet.

Bevor Kinder sprechen und sich mit Worten mitteilen können, drücken sie sich über ihren Körper aus: Sie strampeln mit Armen und Beinen, wenn sie sich freuen, krabbeln zu jedem Gegenstand hin und ergreifen wankenden Schrittes Besitz von der Welt.

Durch Bewegung machen Kinder Erfahrungen über sich selbst, sie lernen ihre Fähigkeiten kennen, sie lernen, sich einzuschätzen, und entwickeln so die Voraussetzungen für Selbstsicherheit und Selbstvertrauen. Sie lernen aber auch, mit anderen umzugehen, deren körperliche Fähigkeiten zu akzeptieren, sich darauf einzustellen.

Kinder, deren Spiel- und Bewegungsbedürfnisse nicht erfüllt werden, weisen häufig auch Defizite in verschiedenen Entwicklungsbereichen (etwa in ihrer Sprache oder ihrer Konzentrationsfähigkeit) auf – nicht nur in ihrer körperlichen Entwicklung und ihrem Bewegungsverhalten.

Die Bewegungserfahrungen eines Kindes dürfen daher auch nicht unabhängig von seiner Gesamtentwicklung betrachtet werden. Sie sind eng verbunden mit der psychischen, geistigen und sozialen Entwicklung. Man kann sogar von einer gegenseitigen Beeinflussung der einzelnen Bereiche ausgehen.

Der Motor der Entwicklung ist die kindliche Neugier, sie ist die Energie, die Kinder zum Lernen antreibt. Kinder möchten die sie interessierenden Sachen anfassen, sie wollen zu ihnen hingehen, sie beobachten, sie ausprobieren und erkunden. Nur so können sie sich eine Vorstellung davon machen, wie die Dinge ihrer Umwelt beschaffen sind und wie sie funktionieren.

## Der Weg in die Selbständigkeit führt über Bewegung

Über ihren Körper erlangen Kinder Unabhängigkeit von ihren Bezugspersonen. „Selber machen" ist der verbale Ausdruck des kindlichen Strebens nach Unabhängigkeit. Sie erleben ihren Körper als unmittelbar ihnen selbst gehörend, über ihn können sie verfügen, ihre Bewegung zunehmend besser beherrschen.

Gegen Ende des zweiten Lebensjahres entwickeln Kinder allmählich ein Gefühl dafür, wer sie sind; sie erkennen, daß sie selbst Entscheidungen treffen können und wollen deshalb auch nicht mehr so viel „gegängelt" werden. Die Kinder haben jetzt ein Bewußtsein von sich selbst als einer eigenständigen Person entwickelt. Oft reagieren sie mit Widerwillen, wenn sie etwas Bestimmtes tun sollen. So weigern sich manche Kinder, sich an den Übungsstunden eines Sportvereins zu beteiligen, obwohl sie zu Hause begeisterte „Turner", „Fußballer" und „Kletterer" sind. Der Unterschied liegt hier vor allem darin, daß die Kletterstange in der Turnhalle meist nicht selbst erobert werden darf, sie wird in ein „Bewegungsprogramm" eingebunden, das alle Kinder gleichermaßen zu absolvieren haben.

Hier hilft nur, dem Kind zu gestatten, so lange dem Spiel der anderen zuzuschauen, bis es selbst den Entschluß faßt, mitzumachen.

Voraussetzung dafür ist natürlich ein Sportverein, in dem Kindern diese Freiheit auch zugestanden wird (vgl. Kap. 9).

Freiheit ist in diesem Alter Bewegungsfreiheit. Kinder spüren, daß ihre Eltern ihnen nun mehr zutrauen. „Größer werden" ist häufig verbunden mit einer Erweiterung der motorischen Fähigkeiten und Fertigkeiten.

Für das Selbständigwerden und die Ich–Findung des Kindes hat der Körper eine wichtige Funktion. An ihm erkennt das Kind seine Fortschritte: Zum ersten Mal allein über einen Zaun steigen, Fahrrad fahren, den Baum hinaufklettern, all das sind Zeichen wachsender Selbständigkeit und Unabhängigkeit vom Erwachsenen.

Dazu ein Beispiel:

*Elisa ist zwei Jahre alt und übt sich in Unabhängigkeit. Jeden Tag lernt sie etwas hinzu, was sie schrittweise der Befreiung aus der Abhängigkeit von den Erwachsenen näherbringt. Seit ein paar Wochen kann sie alleine aus ihrem Gitterbett steigen. Als sie es zum ersten Mal schafft, überschlägt sich ihre Sprache vor Freude, es allen mitzuteilen: „Didi – alleine – Bett haut ab" erzählt sie jedem mehrfach und noch Tage später.*

*Zur Zeit ist der Gartenzaun an der Reihe – er ist die nächste Hürde ihres immer größer werdenden Expansionsdranges. Ein paar Versuche, ihn zu überklettern, schlugen fehl, sie landete mit Geschrei in den dahinterliegenden Büschen. Aber auch die schmerzliche Begegnung mit Brennesseln und Dornen hemmen nicht ihren festen Entschluß, den Zaun zu überwinden, um – ja wahrscheinlich, um auf demselben Weg wieder zurückzukommen.*

18

Nicht das Hintersichlassen der Grenzen ist ihr Ziel, sondern die schrittweise Erweiterung ihres Bewegungsradius' und Erfahrungshorizontes. Hindernisse sind dazu da, überwunden zu werden; ist dies geschafft, spielt die Sache nur noch so lange eine Rolle, wie sie noch mit Schwierigkeiten verbunden ist. Was sie schon kann, hat nicht mehr den Reiz des Neuen, Unüberblickbaren; allein der Wunsch nach Wiederholung führt zum Wiederaufsuchen vertrauter Erlebnisse.

Ansonsten setzt sie ihre ganze Energie ein zum Aufspüren neuer Aufgaben, die es ihr wert erscheinen, bewältigt zu werden. Auf der Schaukel stehen, ohne sich festzuhalten, sich an die höchsten Stäbe des Klettergerüstes hängen und den Boden unter den Füßen verlieren, nicht ruhen, bevor eine Leiter bis zur letzten Stufe erklettert worden ist oder ein schwerer Wassereimer von der Stelle bewegt werden konnte – das alles gehört zu Elisas Tagesbeschäftigungen: nicht immer zur Freude der sie umgebenden Erwachsenen, denen der Atem stockt, wenn sie aus schwindelnder Höhe verkündet: „Didi – springt!"

## Was Kinder durch Bewegung lernen

Lernen – das erinnert an Schule, an Auswendiglernen, Büffeln, an Zwang und Druck von außen. Aber auch beim Spielen kann man eine Menge lernen – Kinder lernen sogar um so besser und nachhaltiger, je mehr sie von einer Sache „angerührt" werden, je mehr Eigenaktivität sie dabei entwickeln können, je mehr es sich um **ihre** Sache handelt.

Lernen im frühen Kindesalter ist in erster Linie Lernen durch Wahrnehmung und Bewegung.

Der enge Zusammenhang von Spielen und Lernen wird allerdings heute auch von der Konsumgüter- und Spielwarenindustrie intensiv ausgenutzt. Die Flut der Lernspiele, Wissensspiele, Ratgeber und Erziehungsanleitungen verleitet Eltern (vor allem diejenigen, die besonders verantwortungsbewußt sind und für ihr Kind „alles" tun wollen) dazu, jede gemeinsame Aktivität mit dem Kind durch die Brille einer optimalen Förderung zu sehen. So kann das durch seine Zweckfreiheit faszinierende Spiel schnell zum Leistungsdruck werden.

Bewegungsspiele mit Kindern geraten dabei jedoch nicht so leicht in Gefahr, zu einem Akt der „pädagogischen Förderung" zu werden.

Sie sind ohne Freude und Lust am unmittelbaren Tun kaum denkbar. Nachlaufen, Verstecken, miteinander Toben entzieht sich der pädagogischen Reflexion, das Etikett „pädagogisch wertvoll" wird einem genüßlichen Raufspiel auf dem Teppichboden oder dem Kräftevergleich beim Rennen um die Wette wohl kaum vergeben werden.

Gemeinsam im Wasser planschen, bei Waldspaziergängen auf Baumstämmen balancieren oder mit einem Ball Geschicklichkeitsspiele ausprobieren – diese Tätigkeiten bergen allein das Glück des Augenblicks und laufen wohl kaum Gefahr, unter dem Aspekt ihres Nutzens für die Zukunft des Kindes betrachtet zu werden.

So können Bewegungsspiele auch als ein Gegenprogramm für den vielfach pädagogisierten Alltag gesehen werden, als ein Stück gemeinsamen Spiels, bei dem die unmittelbare Lust am Tun überwiegt und der Spaß spielleitend ist.

Dies heißt nicht, daß Kinder bei dieser Art von Spielen nichts lernen. Sie gewinnen sogar eine Menge an Erfahrungen über ihre Umwelt, wenn sie mit Bällen hantieren und über Baumstämme balancieren. Das Denken ist in den ersten Lebensjahren noch an das unmittelbare Handeln gebunden. Das Lösen von Problemen erfolgt weitgehend durch den praktischen Umgang mit den Dingen und Gegenständen, durch das Ausprobieren und Erkunden. Erst mit zunehmendem Alter verlagert es sich mehr auf die Vorstellungsebene.

*Katja sitzt auf der Schaukel. Mühsam hat sie sich den Weg hinauf gebahnt. Nun sitzt sie und wartet, daß die Schaukel auch schaukelt.*

*„Mamaaaa", tönt es lautstark, „Mamaaaaa, schaukeln."*
*Aber keine Mama und auch sonst kein Erwachsener ist in Sicht,*

*der ihr mit einem Schubs am Rücken den nötigen Anschwung gibt. Katja ruckelt auf dem Brett hin und her. Die Beine zeigen nach oben, die Hände halten fest die Seile. Nichts tut sich, nur ein paar ruckartige Bewegungen macht die Schaukel.*

*Wütend läßt Katja sich wieder herunterrutschen, legt sich mit dem Bauch über das Schaukelbrett, zieht die Füße hoch und – plötzlich – bewegt sie sich leicht vor und zurück. Als der Anschwung vorbei ist und Katja auf der Stelle verharrt, rutscht sie wieder auf den Boden herunter, zieht das Brett diesmal ein bißchen zurück, legt sich erneut darauf und – siehe da – der Anschwung ist schon so stark, daß sie mehrfach hin- und herschwingt. Nun hat Katja der Schaukelrausch gepackt. Bei jedem neuen Start geht sie mit dem Brett ein Stück weiter nach hinten, so weit, wie sie sich gerade noch drauflegen kann, und jedesmal gelingt ihr der Anschwung schon ein bißchen mehr. Nach ca. 20 Wiederholungen hat sie einen neuen Einfall. Auf der Schaukel liegend stößt sie sich mit den Füßen vom Boden ab und dreht sich mehrmals um die eigene Achse. Irgendwann haben sich die beiden Seile so weit zugedreht, daß Katja fest eingeschnürt ist. Jetzt läßt sie sich aufdrehen – immer schneller geht es rund. Kleid und Haare fliegen im Fahrtwind.*

Katja hat sich die Schaukel auf ihre Weise angeeignet. Um im üblichen Sinne zu schaukeln, reichen ihre Erfahrungen noch nicht aus, aber in der neuen Körperlage, die sie mühelos selbständig einnehmen kann, entdeckt sie neue Schaukelmöglichkeiten.

Irgendwann wird sie auch das Prinzip des Schaukelns im Sitzen herausfinden, das Gewicht verlagern und den Schwung verstärken oder abbremsen können. Voraussetzung hierfür ist, daß diese Arbeit – erscheint sie auch noch so mühevoll – ihr nicht von den Erwachsenen abgenommen wird, auch wenn Katja nach Hilfe sucht.

Am Beispiel des Schaukelns wird deutlich, daß Körper- und Bewegungserfahrungen immer auch verbunden sind mit materialen Erfahrungen. Sie sind wichtig für das Verstehen der Gesetzmäßigkeiten, die in der Natur eine Rolle spielen. Kinder machen in Bewegung vor allem auch Erfahrungen über die Dinge und Gegenstände, mit denen und an denen sie sich bewegen. Indem sie sie handhaben, mit ihnen umgehen, sie erproben, lernen sie ihre besonderen Eigenschaften kennen.

Bewegungsspiele fördern daher nicht nur die Bewegungsentwicklung der Kinder, sie regen auch ihr Denken an. Begreifen und Erfassen ist abhängig vom Greifen und Fassen. Begriffe, die dem Erwachsenen selbstverständlich erscheinen, müssen vom Kind erst durch konkrete Handlungen gebildet werden.

Was etwa Gleichgewicht bedeutet, kann es nur verstehen, wenn es in verschiedenen Situationen mit dem Gleichgewicht experimentiert. So balanciert es über breite Mauern und kann dabei die Hände in den Hosentaschen lassen. Über eine schmale Bürgersteigkante zu gehen, bedarf dagegen des Ausbreitens der Arme, um das Gleichgewicht zu halten.

Erwachsene, die dem Kind sofort die Hand reichen, um ihm Hilfe zu geben, oder die ihm sogar das Balancieren (wenn es nicht wirklich gefährlich ist) verbieten, verhindern nicht nur wichtige Bewegungserfahrungen, sondern schränken das Kind auch im Aufbau seiner Begriffswelt und in seiner Denkentwicklung ein.

Was hart und schwer oder weich und leicht bedeutet, kann sich das Kind nicht einfach vorstellen, wenn es einen Gegenstand sieht. Es muß damit umgehen, ihn anfassen, ihn handhaben, und – wenn möglich – sogar mit ihm spielen können. Weiche Federn schweben in der Luft, ein Stein kann sich zwar glatt und vielleicht sogar weich anfühlen, aber doch hart und schwer sein. Das Material und die Gegenstände selbst liefern dem Kind originale Erfahrungen. Es lernt die Eigenschaften und Begriffe selber kennen und bekommt nicht – wie in Kinderfernsehsendungen – durch das Bild vermittelt, was der Unterschied von hart und weich, spitz und rund, leicht und schwer ist.

**Nicht durch die Vorstellung und auch nicht durch Belehrung lernt das Kind die Welt kennen, sondern nur durch die eigene Tätigkeit.**

## Bewegung – Voraussetzung für eine gesunde Entwicklung

Haltungsauffälligkeiten, Übergewicht, Herz-Kreislauf-Schwächen und Bewegungsbeeinträchtigungen treten immer häufiger bereits bei Kindern im Vorschulalter auf. Solche medizinische Befunde geben Anlaß zur Sorge bei Eltern und Kinderärzten. Die verordneten krankengymnastischen Behandlungen oder ein „orthopädisches Turnen" sind für Kinder meist kein großer Spaß: wohl aber die täglichen Bewegungsspiele, die auch als präventive Maßnahmen zur Gesunderhaltung der Kinder angesehen werden können.

Für viele Erwachsene ist Gesundheit ein wichtiges Motiv, Sport zu treiben. Sie möchten fit, schlank, belastbar und widerstandsfähig sein (oder werden) und bewegen sich deswegen mehr oder weniger regelmäßig. Der Gesundheitsfunktion wird in unserer Gesellschaft derzeit eine hohe Bedeutung zugemessen. Immer wenn Begründungen für Sport und Bewegung angeführt werden, steht das Argument „Gesundheit" meist an vorderster Stelle.

Den Kindern selbst liegt ein solches funktionsorientiertes Denken fern. Sie bewegen sich nicht, weil dadurch ihr Herz-Kreislauf-System belastet oder weil ihre Haltung verbessert wird, sondern weil Bewegung ihnen Freude macht.

Zwar ist die allgemeine gesundheitliche Betreuung durch die Vorsorgeuntersuchungen in den letzten Jahrzehnten aus medizinischer Sicht ständig verbessert worden; Bewegungsmangelerkrankungen nehmen jedoch nicht nur bei Kindern zu: 20–25 % der Kinder weisen Haltungsschwächen und Koordinationsstörungen auf, ein Viertel aller Kinder leidet darüber hinaus unter Wahrnehmungsstörungen, die jedoch oft gar nicht als solche erkannt werden. Auffallend dabei ist, daß erheblich mehr Jungen als Mädchen betroffen sind.

Eine gesunde Lebensführung reicht von einer ausgewogenen Ernährung über den häufigen Aufenthalt in frischer Luft bis zu vielseitigen Bewegungsmöglichkeiten.

Um sich gesund entwickeln zu können, brauchen Kinder regelmäßig, ja sogar täglich Gelegenheiten, sich zu bewegen. Bewegung wirkt sich unter anderem auch auf die körperliche und organische Belastungsfähigkeit aus. Der kindliche Organismus benötigt zur Ausbildung leistungsfähiger Organe genügend Reize. Bewegungserfahrungen sind also unbedingt notwendig für die gesunde Entwicklung von Kindern. Dennoch muß beachtet werden, daß der gewünschte Erfolg sich erst dann einstellt, wenn Kinder von sich aus mit Lust und Freude an den Bewegungsspielen teilnehmen.

Die Bewegungsangebote müssen deshalb auf den individuellen Entwicklungsstand und auf die Bedürfnisse der Kinder abgestimmt sein und gewährleisten, daß sie sich als erfolgreich wahrnehmen und sich wohl fühlen. Durch Bewegungsspiele, bei denen Grundbewegungsformen wie Kriechen, Stützen, Hängen, Rollen, Wälzen, Hüpfen, Ziehen, Schieben etc. erprobt und geübt werden, erhält die Muskulatur vielfältige Entwicklungsreize; Kinder sollten dabei selbst ihre Belastungsintensität festlegen können, so kann am ehesten Über- wie Unterforderung vermieden werden.

Anders als für Erwachsene ist für Kinder Gesundheit zwar kein Motiv für Bewegungsaktivitäten und sportliche Betätigung. In keiner späteren Altersstufe bieten sich jedoch so gute Chancen, Menschen an selbständige, regelmäßige Bewegungsaktivitäten heranzuführen und so die Basis für eine auch in späteren Lebensjahren noch anhaltende Motivation zu sportlicher Betätigung und gesunder Lebensführung zu bilden.

Bisher war nur von mangelnder Bewegung die Rede. Es gilt aber ebenso, Überforderung zu vermeiden. Manche Eltern tun des Guten zuviel und muten ihren Kindern zu viel zu: Zu hohe Ausdauerleistungen beim Radfahren vielleicht oder zu lange Wanderungen, die eher den Bedürfnissen der Erwachsenen entsprechen als denen der Kinder. Kinder merken selbst, wann die Grenze ihrer Leistungsfähigkeit erreicht ist. Sie bringen dies auch unmittelbar zum Ausdruck. Erwachsene müssen diese Signale jedoch auch verstehen und die Kinder nicht durch Leistungsdruck oder Anstachelung ihres Wetteifers zu übertriebenen Leistungen herausfordern.

## Erwachsene als Partner und Mitspieler

Erwachsene können das Spiel der Kinder sehr beeinflussen, ohne daß ihnen dies auch immer bewußt ist. Sie können helfen und hindern, anregen und unterdrücken, es „gut meinen" und doch nicht entsprechend handeln – weil sie sich oft nicht mehr in ein Kind hineinversetzen können, die Welt nicht aus seiner Perspektive sehen.

Partner und Mitspielender zu sein bedeutet auch, sich vom Spiel des Kindes leiten zu lassen, nicht gleich alles besser zu wissen und schneller zu können, sondern trotz unterschiedlicher Kräfte einen Rollentausch zu wagen und sich trotz des Erfahrungsvorsprungs auf Experimente und Erkundungen einzulassen.

Der Erwachsene sollte dem Kind das Gefühl geben, daß es seine eigene kleine Welt kontrollieren kann, daß es in der Lage ist, sich ihm stellende Probleme aus eigener Kraft zu bewältigen. Voraussetzung hierzu ist, das Kind zu beobachten, seine Interessen und Fähigkeiten zu erkennen. Der Erwachsene sollte den Bedeutungsgehalt der kindlichen Spielhandlungen zu verstehen versuchen; er muß warten können, anstatt Erwartungen an das Kind zu stellen. Das heißt konkret für Spiel- und Bewegungssituationen:

– das Kind nicht stören bei einer augenblicklichen Tätigkeit, die es sich selber ausgewählt hat;

– die intensive Beschäftigung des Kindes auch dann nicht unterbrechen, wenn man selbst eine noch viel bessere Idee hat, oder um zu zeigen, wie man es richtig macht;

– Hilfe nur dann geben, wenn das Kind danach verlangt oder auf unüberwindliche Schwierigkeiten gestoßen ist; dabei die begonnene Handlung des Kindes nicht einfach zu Ende

führen, sondern es so unterstützen, daß es das Problem selbständig bewältigen kann;
– sich von dem leiten lassen, was das Kind zeigt und nicht umgekehrt dem Kind zeigen, was es alles beherrschen und können könnte.

Anstatt sich in die Spielhandlungen des Kindes einzumischen, sollten die Erwachsenen die vielfältigen Versuche des Kindes, sich die Welt anzueignen, beobachten und begleiten und dort, wo es sinnvoll und erforderlich ist, diese auch unterstützen. Eine entscheidende Bedingung für die Förderung der ganzheitlichen Entwicklung durch Bewegung ist nämlich Eigenaktivität und Selbsttätigkeit des Kindes.

Nur wenn es selbst bestimmen kann, wie es vorgefundene Probleme löst und Aufgaben bewältigt, kann es sich auf körperlich-motorischer Ebene wie auch auf sozial-emotionaler und kognitiver Ebene gleichzeitig weiterentwickeln.

Daher sollte man das Kind auch nie zu Bewegungsleistungen drängen. Das Kind weiß am besten selbst, wann es fähig ist, bestimmte Fertigkeiten zu lernen, wann zum Beispiel der richtige Zeitpunkt gekommen ist, das Radfahren zu erlernen oder sich die Schnürsenkel zuzubinden.

# 2. Kein Zaun zu hoch – kein Steg zu schmal

Zutrauen zu sich selbst zu gewinnen ist eines der wichtigsten Ziele der Erziehung von Kindern. Bewegungsspiele bieten hierfür gute Gelegenheiten, denn in kaum einem anderen Bereich erleben Kinder so unmittelbar, daß Leistungen auf die eigene Anstrengung zurückgeführt werden können und daß sie selbst für den Erfolg oder Mißerfolg einer Handlung verantwortlich sind.

Bewegungserfahrungen verdeutlichen ihnen, daß zum Können Übung gehört und daß mit ein bißchen Mut und Ausdauer viele Schwierigkeiten im Umgang mit dem Körper behoben werden können.

Noch sind Kinder darum bemüht, jeden Tag etwas hinzuzulernen, ihre körperlichen Fähigkeiten zu verbessern. Erfolgserlebnisse erwachsen aus dem eigenen Tun und geben die Rückmeldung, daß man durch Anstrengung und Übung hinzulernen kann.

Bewegungssicherheit kann so in hohem Maße zur Selbstsicherheit beitragen.

Häufig hindern aber gerade die Erwachsenen Kinder an der Erprobung der eigenen Kräfte, weil sie selbst zu ängstlich sind und so auch das Leistungsvermögen der Kinder falsch einschätzen.

## Auch Fallen will gelernt sein

*Jan klettert über die dicken Äste eines Baumes. Vorsichtig steigt er von Ast zu Ast, schaut mehr nach oben als nach unten und scheint sich seiner Kletterkünste sicher.*

*Plötzlich taucht Jans Mutter auf, sieht ihn in der Baum-*
*krone herumturnen und schreit: „Jan, bist du verrückt ge-*
*worden, du fällst gleich herunter. Wie kannst du nur in den*
*Baum steigen!"*
*Jan schaut nach unten, sieht seine Mutter, die ängstlich*
*und ärgerlich zugleich unter dem Baum steht. Ihm wird in*
*den Knien mulmig. Ist doch ein bißchen hoch hier oben.*
*Angstvoll schaut er nach unten und überlegt, ob und wie er*
*da wohl wieder runterkommt.*
*Und schon ist wieder die Mutter zu hören: „Siehst du, jetzt*
*kommst du nicht mehr herunter, ich hab's ja gleich gewußt."*

Kinder haben eine untrügliche Antenne dafür, was Erwachsene ihnen zutrauen. Wie ein Seismograph reagieren sie auf
Ängste ihrer Eltern – und bekommen plötzlich selber Angst,
auch wenn sie zunächst überhaupt nicht daran zweifelten,
daß sie ein Wagnis auch gut zu Ende bringen können.

Ängstliche Kinder haben häufig auch ängstliche Eltern. Sie
spüren, daß diese ihnen nicht sehr viel zutrauen, daß sie ständig um ihre Sicherheit bangen müssen. Entsprechend gering
ist dann auch das Selbstvertrauen der Kinder, und manchmal
wirkt dann das Verhalten der Eltern – das obige Beispiel macht
es deutlich – wie eine sich selbst erfüllende Prophezeiung.

Die für die Entwicklung der Kinder wichtigen Grundformen der Bewegung (Steigen, Klettern etc.) üben sie in ihrem
täglichen Spiel. Allerdings besteht heute mehr denn je zuvor
die Gefahr, daß sie nicht mehr ausreichend Gelegenheit dazu
haben, weil Eltern und überbehütende Erwachsene sie daran
hindern. Sie haben Angst, die Kinder könnten sich verletzen
oder sich vielleicht auch nur schmutzig machen. Kinder spielen heute wesentlich seltener unbeaufsichtigt als früher. Dabei brauchen sie tagtäglich Gelegenheit, sich körperlich zu
verausgaben und ihre Geschicklichkeit zu trainieren. Gerade
die erhöhte Anfälligkeit für Verletzungen und Unfälle, die
zum Beispiel in Kindergärten beobachtet werden kann, ist
auch darauf zurückzuführen, daß Kinder heute viel weniger
Gelegenheit haben als früher zur Verbesserung ihrer körper-

lich-motorischen Fähigkeiten. So kann schon ein kleiner Sturz vom Klettergerüst, der früher allenfalls ein paar blaue Flecke und einige Schrammen mit sich brachte, zum Verhängnis werden. Sie brechen sich einen Arm, verstauchen sich ein Bein.

Bewegungssicherheit ist nur durch die schrittweise Bewältigung vieler kleiner Risiken zu erreichen. Kinder, die nicht gelernt haben, wie man richtig fällt, können im Ernstfall ihr eigenes Gewicht nicht mehr auffangen. Sie verletzen sich schon beim Sturz aus geringer Höhe. Kleine Mißerfolge, die das Kind allerdings nicht entmutigen dürfen, geben dem Kind auch die Erfahrung, daß es seine Leistungsfähigkeit nicht überschätzen darf. Sie verhindern vielleicht einen großen, gefährlicheren Sturz, denn Fallen kann man eben nur durch Fallen lernen.

Deswegen ist die helfende Hand des Erwachsenen nicht immer auch eine wirkliche Hilfe; manchmal verhindert sie beim Kind eben auch das selbständige Bewältigen von Gefahrensituationen und schränkt zudem noch die Entwicklung von Selbstvertrauen ein.

Ob ein Kind also einen Zaun als unüberwindbares Hindernis oder als Herausforderung seiner Geschicklichkeit und Kräfte betrachtet, liegt nicht nur an seinen objektiven körperlichen Fähigkeiten, sondern auch an dem Bild, das Eltern und Erwachsene ihm über sich selbst vermitteln.

## Stationen der Bewegungsentwicklung

*Frau Kühn ist untröstlich. Ihr Sohn Matthias ist schon dreizehn Monate alt und will immer noch nicht laufen. Gleichaltrige Kinder aus ihrem Bekanntenkreis stehen schon lange sicher auf ihren Beinen, und auch Philipp, der knapp einjährige Sohn ihrer Nachbarin, hat genau an seinem ersten Geburtstag zu laufen begonnen. Frau Kühn nimmt ihren Matthias oft an die Hand, stellt ihn aufrecht hin, fordert ihn zum Laufen heraus – aber nein, Matthias will nicht. Immer läßt er sich einfach fallen, krabbelt zu einem Gegenstand am Boden hin und ist sofort in ein Spiel versunken. Es hat den Anschein, als ob ihn das Laufen überhaupt nicht interessieren würde.*

Es ist nicht nötig und auch nicht möglich, einem Kind das Laufen beizubringen. Sobald seine körperlichen Voraussetzungen so weit wie erforderlich gereift sind, wird es versuchen, über das Hochziehen und Stehen mit Abstützen zum freien Laufen zu kommen.

Im Kleinkindalter stellen das Greifen und das Krabbeln als erste Form der Fortbewegung und das Aufrichten und Gehen wichtige Stationen der motorischen Entwicklung dar, die jedoch auch abhängig von der Reifung der Bewegungs- und Sinnesorgane sind. Die hier erworbenen motorischen Fertigkeiten müssen nicht gezielt provoziert werden, da sie vom Kind dann, wenn es dazu bereit und fähig ist, selbst unermüdlich geübt werden. Voraussetzung ist allerdings auch hier eine Umgebung, die das Üben und Ausprobieren des Kindes unterstützt und es nicht in seinem Expansionsdrang hindert.

Die Bewegungsentwicklung von Kindern ist also sowohl abhängig von Erbfaktoren und Reifungsprozessen als auch von den Möglichkeiten, die Kinder zum Üben und Erproben ihrer Bewegungsfähigkeit haben. Sportlich aktive Eltern nehmen ihr Kind oft mit zu Sportveranstaltungen und spielen mit ihm bewegungsreiche Spiele; sie sind Vorbild und Lernmodell. Kinder lernen auch über Nachahmung und Beobachtung.

Grundsätzlich gibt es in der Bewegungsentwicklung von Kindern große Unterschiede, ohne daß dies Anlaß zur Besorgnis sein muß. So beginnen manche Kinder bereits mit elf Monaten zu laufen, während andere sich erst mit sechzehn Monaten aufzurichten versuchen und selbständig erste Gehschritte machen. Eine solche Spanne ist durchaus normal. Bei den Vorsorgeuntersuchungen wird auch die Bewegungsentwicklung der Kinder berücksichtigt, und wenn Eltern annehmen, daß sich ihr Kind auffallend langsam entwickelt oder daß Besonderheiten vorliegen, sollten sie sich an einen Kinderarzt oder eine Frühförderstelle wenden.

Eine rechtzeitig festgestellte Entwicklungsverzögerung oder -störung kann durch krankengymnastische Behandlung behoben oder zumindest abgeschwächt werden. Eine „Psychomotorische Förderung", wie sie heute verstärkt von verschiedenen Institutionen angeboten wird, kann das Kind in seiner motorischen Entwicklung, aber auch in seiner Gesamtentwicklung unterstützen. Hier wird zwar weniger gezielt auf eine Bewegungsstörung eingegangen, dafür wecken die spielerischen Angebote zur Förderung der Wahrnehmung und Bewegung, die meist in einer Kleingruppe stattfinden, die Eigenaktivität des Kindes in hohem Maße und vermitteln ihm Selbstvertrauen.

Gegebenenfalls kann auch eine Kombination krankengymnastischer oder beschäftigungstherapeutischer Behandlung mit psychomotorischer Förderung sinnvoll sein.


## Kunststücke – Vom Krabbeln und Kriechen bis zum Klettern und Balancieren

Steigen, Klettern, Rutschen, Springen – die Bewegungsaktivitäten von Kindern zeigen noch eine weitaus größere Vielfalt als beim Erwachsenen. Es handelt sich hierbei meist um Bewegungsformen, die bei entsprechenden Voraussetzungen in der Umwelt vom Kind selbst gesucht und geübt werden. Hängen, Wälzen, Schaukeln, dies sind keine Fertigkeiten, die erst nach längerem Üben beherrscht werden, sondern eher grundlegende Tätigkeiten, die das Kind einsetzt, um sich mit seiner Umwelt auseinanderzusetzen. Sie bilden die Basis der Bewegungsentwicklung, auf ihnen bauen auch alle sportlichen Bewegungsformen auf.

Viele der in diesem Buch beschriebenen Bewegungsspiele beinhalten Variationen der Bewegungsgrundformen. Zur besseren Übersicht sollen einige wichtige dieser Grundtätigkeiten hier vorgestellt werden:

Krabbeln und Kriechen
Gehen, Laufen, Rennen
Steigen, Klettern
Springen – hoch, tief, weit
Tragen, Schieben
Hängen, Schaukeln, Schwingen
Rutschen, Drehen, Wälzen, Rollen
Werfen, Fangen
Balancieren

## Krabbeln und Kriechen

Diese Bewegungen gehören zu den ersten Fortbewegungsformen des Kleinkindes. Das Krabbeln entwickelt sich meist aus dem „Robben". Hierbei zieht sich das Kind mit Hilfe der Unterarme nach vorne (oder schiebt sich nach hinten). Beim Kriechen und Krabbeln ist das Kind nun in der Lage, sich selbständig fortzubewegen und seine unmittelbare Umgebung zu erkunden. Viele Kleinkinder scheinen ab diesem Zeitpunkt viel zufriedener und ausgeglichener zu sein als vorher, weil sie nun selbst die Initiative ergreifen können, wenn sie ein nicht in Greifnähe liegendes Spielzeug entdeckt haben, oder wenn sie eine auf dem Boden liegenden Wollfluse ergreifen möchten.

Wenn das Kind zu krabbeln beginnt, wird der Boden zu seinem wichtigsten Aufenthaltsort. Es ist interessiert an allem, was es dort findet, es erkundet zuerst sein näheres Umfeld und dann die ganze Wohnung. Viele Kinder müssen ausgerechnet in dieser Phase einen großen Teil ihrer wachen Zeit im Laufstall oder – noch schlimmer – in der Babywippe verbringen. Hier ist der Platz zum Krabbeln und Kriechen natürlich sehr eingeengt, bis auf das im Laufstall befindliche Spielzeug gibt es kaum etwas zu entdecken. Wenn es irgendwie möglich ist, sollten die Bewegungs- und Erkundungsbedürfnisse der Kinder nicht so sehr eingeschränkt werden. Sinnvoller, als das Kind von der Umwelt abzuriegeln ist es, gefährliche Orte vom Kind abzuriegeln: durch Türgitter vor Räumen, in die Kinder nicht hineinkommen sollten, oder Schutzgitter vor gefährlichen Treppen.

Das Kriechen bleibt aber auch dann, wenn das Kind schon laufen gelernt hat, eine beliebte Fortbewegungsform. Eltern tun ihren Kindern einen großen Gefallen, wenn sie im Spiel mit ihnen auf alle Viere gehen. Auf Händen und Füßen kriechend kann man auch auf kleinem Raum Nachlaufen und Fangen spielen, den Kampf gefährlicher Tiere nachahmen, und so Gelegenheit zum körperbetonten spielerischen Ringen und Raufen geben.

### Gehen, Laufen, Rennen

Die ersten freien Schritte des Kindes ähneln eher dem Laufen als dem Gehen. Das Tempo ist noch etwas hastig, das Kind läuft – ohne anhalten zu können – in die Arme des Erwachsenen. Das langsamere Gehen fällt ihm noch schwer, da es hohe Anforderungen an sein Gleichgewicht stellt.

Sobald das Kind einigermaßen sicher gehen kann, werden bei ihm Laufspiele sehr beliebt. Einen Erwachsenen einholen, ihm ausweichen, vor ihm weglaufen, „Haken schlagen", ihm entgegenlaufen und in seine Arme springen – dies sind Bewegungsspiele, die dem wachsenden Expansionsbedürfnis des Kindes entgegenkommen und seine Lust an der Bewegung zum Ausdruck bringen. Erst später werden andere Kinder oder Geschwister zum Spielpartner bei Lauf- und Fangspielen.

Zum Laufen braucht das Kind viel Raum. In einem engen Zimmer eckt es leicht an, es hat Angst, sich an Gegenständen wehzutun oder mit anderen zusammenzustoßen. Sobald Kinder jedoch einen größeren Raum betreten (zum Beispiel eine Turnhalle) oder sich draußen bewegen, beginnen sie zu laufen. Die Weite des Raumes fordert sie zur Schnelligkeit, aber auch zum ausdauernden Laufen heraus.

### Steigen, Klettern

*Tobias, drei Jahre alt, ist ein Treppenfan. Nicht nur zu Hause steigt er unermüdlich die Stufen der Wohnungstreppe hinauf und springt mit einem waghalsigen Sprung nach unten, auch beim Spaziergang oder beim Einkaufen in der Stadt nutzt er jede Gelegenheit, Treppen in Kaufhäusern, Parks oder vor*

*Hauseingängen zu erobern. Keine auch noch so steile oder unbekannte oder hohe Treppe ist vor ihm sicher. Kaum hat er sie erspäht, ist er auch schon oben, hüpft auf beiden Füßen hinunter, nimmt zwei Stufen auf einmal und wagt den Absprung von der dritten oder vierten Stufe.*

Tobias ist keine Ausnahme, und sein „Treppentick" ist fast schon Merkmal einer Entwicklungsstufe. Das Steigen und Hochklettern bringt nicht nur neue Bewegungsreize und -erfahrungen, es ermöglicht auch, eine neue Perspektive einzunehmen und die Welt von einer „höheren Stufe" aus zu sehen.

Nichts ist mehr sicher vor einem Kind, das seine Fähigkeiten, auf Gegenstände zu klettern, entdeckt hat. Kinder klettern auch auf Stühle und wenden dabei eine ganz individuelle Technik an: Sie ziehen sich auf dem Bauch oder mit den Knien auf die Sitzfläche; dort angekommen richten sie sich auf, drehen sich im Stehen um und setzen sich dann hin.

Wie in obigem Beispiel deutlich wurde, wird das Steigen und Klettern ganz selbstverständlich an Treppen geübt. Sie haben für Kinder eine ganz besondere Anziehungskraft. Leider sind sie oft verboten, da sie natürlich auch einige Gefahrenquellen bergen, wobei weniger das Hochsteigen gefährlich ist als das Herunterspringen.

Treppensteigen sollte den Kindern nicht verboten, sondern – wenn erforderlich – mit ihnen geübt werden. Am besten hierfür geeignet sind Treppen mit wenigen Stufen (etwa das Podest vor der Haustür, die Treppenstufen im Park) und Gelegenheiten, bei denen Kindern Zeit und Ruhe zum vielfältigen Ausprobieren des Steigens und Kletterns, zum Bewältigen der Stufen ohne fremde Hilfe zur Verfügung haben. Nur durch ständiges Erproben können sie die notwendige Sicherheit gewinnen.

Auch in der Wohnung kann man mit Polstern und Schaumstoffteilen Treppen bauen, eine Stufe zum Beispiel, über die man auf das Bett oder Sofa steigen kann.

Möglichkeiten zum Steigen und Klettern bieten auch Leitern (keine Stehleitern, sondern kleinere, stabile Holzleitern, deren Sprossen von Kinderhänden gut gegriffen werden können und die einen sicheren Stand haben). Hier ist allerdings noch die Aufsicht eines Erwachsenen erforderlich. Kinder müssen zuerst lernen, sich mit den Händen abzusichern, die Bewegungen von Händen und Füßen richtig zu koordinieren.

Im Freien bieten natürlich Klettergerüste im Garten oder auf dem Spielplatz viele Klettermöglichkeiten. Zwar sind die Holzgerüste aufgrund des natürlichen Materials als Spielgeräte bei den Erwachsenen beliebter, man muß jedoch bedenken, daß gerade bei den Leitern das Steigen schwieriger ist, da der Durchmesser des Holzbalkens größer ist als bei Metallgerüsten. Für Kinderhände ist das Greifen und Festhalten an Metallstangen oft einfacher.

Klettern sollte Kindern jedoch nicht nur auf dem Spielplatz oder im Freien möglich sein. Für die Bewegungsentwicklung der Kinder ist es wichtig, daß auch in der Wohnung Gelegen-

heiten zum Klettern geschaffen werden sollten. So kann an eine freie Wand eine Sprossenwand angebracht werden; darunter können bei Bedarf Matratzen oder Schaumstoffteile liegen, auf denen man nach dem Herunterspringen weich landet.

Aber auch mit weniger großem Aufwand können an Polsterelementen, Kissenbergen und Matratzenhügeln oder an Stuhl – Tischkombinationen in der Wohnung Klettergelegenheiten entstehen.

An der Decke kann man einen Karabinerhaken befestigen, an dem dann im Wechsel Strickleitern und ein dickes Klettertau befestigt werden können (hier ist sogar möglich, das Klettern und Schaukeln miteinander zu verbinden).

Das schönste Klettererlebnis bietet aber ein richtiger Baum. Hier muß man vorsichtig erkunden, ob die Äste einen tragen und wie man ihre ungleichen Abstände überwinden kann. Natürlich darf ein zum Klettern „freigegebener" Baum nicht zu hoch sein, damit Kinder ihn aus eigener Kraft erklettern und auch gefahrlos wieder herunterkommen können.

Für Kinder ist das Klettern dann besonders interessant, wenn auch das Gleichgewicht angesprochen wird. Dies ist zum Beispiel bei den Kletternetzen der Fall: Sie bewegen sich mit, wenn das Kind an ihnen hoch oder quer klettert, und erfordern daher eine ständig neue Anpassung und Gewichtsverlagerung.

## Springen – auf und ab, hoch, tief und weit

Das Bett wird zur Springburg, ein dicker Autoschlauch muß als Trampolin herhalten, selbst das Sofa im Wohnzimmer bleibt nicht von der Springwut der Kinder verschont. Springen – auf und ab, aber auch von einem hohen Gegenstand herunter oder von einer Pfützenseite auf die andere – es scheint für Kinder Mutprobe und sinnliches Erlebnis zugleich zu sein. Sie lieben es, immer höher, immer weiter zu kommen, und nicht selten ist damit auch die prickelnde Ungewißheit verbunden, ob der Sprung denn auch über den Graben hinaus oder auf den Stein gelingt.

In Turnhallen wird das Springen von Kästen oder über Hindernisse meistens mit dicken Matten abgesichert, um eine möglichst weiche Landung ohne Verletzungen und ohne Risiko zu ermöglichen. Es ist jedoch unbedingt erforderlich, daß Kinder auch lernen, daß verschieden harter Untergrund (Wiese, Beton, Sand, Asphalt) eine jeweils andere Art des Landens und Aufkommens erfordert. Bevor man überhaupt von großer Höhe hinunter springt, muß man sich zunächst vergewissern, wie der Untergrund beschaffen ist und kann dann erst entscheiden, wie das Gewicht aufgefangen wird (mit Nachfedern, mit Absichern durch die Hände etc.).

All dies geschieht natürlich bei Kindern nicht mit langer Vorüberlegung, aber es sind die vielen Gelegenheiten, die ihnen auch die Erfahrung verschaffen, wie sie sich beim Springen verhalten müssen.

Tiefspringen erfordert von den Kindern Mut, ein situationsgerechtes Abfangen des Körpergewichtes und gutes Reaktionsvermögen.

Springen wollen Kinder nicht nur in der freien Natur, auf dem Spielplatz oder auf Treppen und Mauern; auch in der Wohnung suchen sie ständig nach Sprungmöglichkeiten. Ein paar alte Matratzen, Schaumstoffpolster oder ein ausrangiertes altes Sofa liefern viele sensorische Reize (und schonen die Wohnzimmercouch und die Sprungfedern der Betten erheblich).

Den Bewegungsbedürfnissen der Kinder kommt auch die Spiel- und Sportgeräteindustrie entgegen, indem sie Mini-trampoline anbietet. Oft sind diese allerdings viel weniger attraktiv als die selbstgebauten und zusammengestellten Springmöglichkeiten, die Kinder sich selber suchen (vielleicht weil sich ein Trampolin eben nur als Trampolin verwenden läßt?).

### Tragen, Schieben, Ziehen
Diese Tätigkeiten sind vor allem für Kleinkinder interessant. Hier erproben sie ihre Kräfte, sie können „etwas bewegen" und so feststellen, daß sie selbst etwas bewirken können.

*Larissa, ein Jahr alt, schiebt mit großer Begeisterung ihren Kinderwagen durch die Wohnung. Seit sie laufen kann, will sie selbst beim Spaziergang nicht mehr im Buggy sitzen. Aber er muß mit, wenn es nach draußen geht. Sie benutzt ihn als Stütze, kippt ihn und schiebt ihn auf zwei Rädern durch die Gegend.*

*Ist Julia, ihre ein Jahr ältere Freundin zu Besuch, gehört es zum liebsten Spiel der beiden, sich gegenseitig in Kisten sitzend durch den Raum zu schieben. Aus der Babybadewanne wird ein Boot, mit dem man die Freundin verschiffen oder in dem man sich von den Eltern umherfahren lassen kann.*

Aber nicht nur andere schieben und ziehen, auch selber geschoben werden bedeutet ein sensorisches Vergnügen. Hierzu eignen sich große Pappkartons ebenso wie ein Brett mit darunter geschraubten Rollen. Nichts ist schöner, als mit viel Schwung zwischen Vater und Mutter hin- und hergeschoben zu werden.

### Hängen, Schaukeln, Schwingen

*Elisa ist knapp zwei Jahre alt, als sie an jedem erreichbaren höheren Gegenstand „Didi – hange" spielt. Dabei zieht sie die Beine hoch und schaukelt hin und her.*

*Mal ist es das Waschbecken, mal ein Straßengeländer, mal eine auf dem Spielplatz entdeckte Reckstange. „Didi – hange" verkündet sie auch plötzlich und unversehens, als sie zwischen Vater und Mutter spazierend deren Hände faßt und urplötzlich die Füße unter sich wegzieht.*

*Die Hänge-Spiele werden ständig variiert, auch im Supermarkt hat Elisa schnell gecheckt, was sich für ihre Hängeexperimente eignet. So zum Beispiel die Abtrennungen im Kassenbereich – sie haben fortan sogar mehr Attraktivität als die an der Kasse ausliegenden Süßigkeiten.*

Für Kinder ist es ein schönes Gefühl, ihr eigenes Körpergewicht halten zu können. Diese Erfahrung – meist einmal durch Zufall entdeckt – versuchen sie bei möglichst vielen

Gelegenheiten zu wiederholen und immer wieder aufs Neue zu variieren. Sie üben dabei ihre Griffsicherheit, gleichzeitig aber auch ihre Haltemuskulatur und Armkraft.

In der Wohnung kann eine im Türrahmen angebrachte, verstellbare Reckstange Gelegenheiten zum Hängen geben. Ist dies nicht möglich, können sich Eltern auch mit einer „mobilen Reckstange" – selbstgebaut und überall verwendbar – behelfen: Ein Besenstiel (oder ein stabiler Holzstab) wird von einem Erwachsenen (oder auch zwei) waagerecht gehalten, so daß das Kind sich daran hängen kann.

Eine fest installierte Reckstange im Türrahmen oder im Garten ist auch dann noch für Kinder reizvoll, wenn sie über das Hängen hinaus Kunststücke an der Stange erproben. So wird aus dem Hängen ein Kopfüberhängen, wenn sie sich mit der Kniekehle an der Stange einhängen und sich mit dem Kopf nach unten hin- und herschaukeln lassen.

Neben dem Hängen gehört auch das Schaukeln zu den besonders lustvollen Betätigungen von Kindern. Schaukeln ist mit intensiven sensorischen Empfindungen verbunden, die das Kind einerseits erregen, andererseits aber auch beruhigen können.

Auch über das Babyalter hinaus schaukeln und wippen Kinder mit großer Begeisterung. Dabei sind es nicht mehr alleine die gleichmäßigen rhythmischen Bewegungen, die dem Kind Lust bereiten, sondern vor allem auch die vielfältigen Erfahrungen, die das Spiel hier begleiten. Den eigenen Schwung verstärken, die Hin- und Herbewegung beschleunigen, aber auch abbremsen zu können, selbständig auf die Schaukel klettern und sie in Bewegung versetzen können – all dies vermittelt dem Kind das Gefühl, seine Körperbewegung zu beherrschen und auf seine Umwelt Einfluß nehmen zu können. Hinzu kommt der Nervenkitzel, immer höher hinauszukommen, am höchsten Punkt des Schaukelns, abzuspringen, im Gras zu landen oder sogar kniend und stehend schaukeln zu können.

Der bereits erwähnte Karabinerhaken an der Decke – im Flur oder im Kinderzimmer – kann mit verschiedenen Geräten zum Schaukeln und Schwingen bestückt werden: Schaukelringe werden daran befestigt, an ihnen kann man sowohl hängen, schwingen als auch schaukeln. Eine Hängematte lädt zum Ausruhen ein.

Ein sehr vielseitiges Gerät für alle Altersstufen (auch für die Kleineren) ist ein dick aufgepumpter Autoschlauch; um ihn wird ein Seil herumgeschlungen, so daß er aufrecht an dem Deckenhaken aufgehängt werden kann.

## Rutschen, Drehen, Wälzen, Rollen

Sich um die eigene Achse drehen, den Körper in verschiedenen Lagen spüren können – das ist für Kinder ein herrliches Gefühl. Oft beginnt es mit einem zufälligen Herabkugeln von einem höhergelegenen Gegenstand: Das Kind liegt vielleicht auf dem Bauch auf seinem Bett, stützt die Hände auf den Boden auf und kugelt plötzlich kopfüber auf den Boden. Oder es wälzt sich seitwärts einen Abhang hinunter. Es entdeckt, daß es seinen Körper in verschiedenen Positionen drehen, rollen, wälzen kann. Dieser Spaß wird immer wieder wiederholt, an verschiedenen Orten, auf verschiedenem Untergrund, mal auf dem weichem Bett, mal auf hartem Fußboden. Und bei jeder Wiederholung lernt das Kind Neues hinzu: daß es seinen Rücken beim Rollen rund machen muß, daß man den Kopf nicht in den Nacken, sondern auf die Brust nehmen muß und daß ein Purzelbaum von einer erhöhten Abrollfläche viel mehr Schwung mit sich bringt, als wenn man auf dem Boden steht.

## Werfen, Fangen

Gegenstände wegwerfen, sie sich von einem Erwachsenen aufheben lassen, sie gleich wieder wegwerfen – Kleinkinder lieben das Spiel und freuen sich, wenn sie einen Erwachsenen finden, der nicht müde wird mitzuspielen.

Keineswegs wollen sie mit dem dauernden Fallenlassen und Wegwerfen den Erwachsenen ärgern, wie es manchmal mißverstanden wird. Sie erfreuen sich vielmehr an dem gemeinsamen Tun und haben einfach Spaß am Loslassen und Wegschleudern von Spielobjekten.

Später werden zum Werfen vor allem Bälle benutzt. Je kleiner der Ball, um so besser scheint er für Kinderhände zum Werfen geeignet zu sein, aber – je größer er ist, um so besser kann er aufgefangen werden. Daher ist das Spielen mit verschiedenartigen, großen und kleinen, leichten und schweren, harten und weichen Bällen eine wichtige Übungs- und Lerngelegenheit für Kinder.

Aus dem Werfen wird dann auch bald ein Zielwerfen. Kinder versuchen, mit dem Ball Gegenstände zu treffen, ihn von der Hauswand zurückprallen zu lassen, ihn durch einen Basketballkorb zu werfen.

*Julia sitzt in der Babyschaukel, kann also die Hände frei bewegen, ohne sie zum Festhalten benutzen zu müssen. Nicht weit von der Schaukel entfernt steht ein großer Eimer. Mit einem Ball versucht sie, während des Schaukelns in den Eimer zu treffen. Dazu muß sie allerdings den richtigen Moment beim Schaukeln abpassen. Trifft der Ball in den Eimer, freut sie sich lautstark und kommentiert „und pums".*

Dem Wunsch nach Zielwerfen kann man entgegenkommen, indem man zum Beispiel mit dem Kind zusammen in einen zwei bis drei Meter entfernt aufgestellten Papierkorb zu treffen versucht oder Treff-Wettspiele mit einem an einem Ast aufgehängten Reifen veranstaltet (natürlich muß der Erwachsene dabei einen größeren Abstand zum Ziel einnehmen). Noch spannender wird es, wenn ein alter Eimer, bei dem der Boden herausgeschnitten worden ist, an einer Teppichstange aufgehängt wird.

Aber nicht nur das Werfen macht Spaß, sondern auch das Fangen. Hierzu ist sowohl Konzentration als auch eine gute Reaktionsfähigkeit erforderlich, denn das Kind muß die Flugbahn des Balles genau beobachten und seine eigene Bewegung darauf abstimmen.

Der Luftballon ist das geeignetste Gerät, um das Spiel mit dem Ball vorzubereiten. Er ist leicht, reagiert schon beim leisesten Antippen, seine Flugbahn ist langsam, und er läßt sich gut auffangen.

Auch ein Wasserball ist für die ersten Fang- und Wurfspiele mit Kindern sehr gut geeignet. Aufgrund seines geringen Gewichtes fliegt er sehr viel langsamer als ein normaler Gummiball und ist daher vom Kind auch besser zu verfolgen, darüber hinaus kann er wegen seiner Größe auch gut aufgefangen werden.

Selbst Fußball läßt sich mit einem Wasserball spielen. Er ist weich und tut daher beim Treten nicht weh, außerdem kann man leichter mit ihm auf ein Tor treffen.

## Balancieren

Die Erhaltung des Gleichgewichts zählt zu den ersten schwierigen Bewegungsleistungen des Kindes. Schon beim Hochziehen an Gegenständen und beim freien Stehen muß das Kleinkind sein Gewicht ausbalancieren, durch einen breitbeinigen Stand versucht es, dies zu sichern.

Bei den ersten selbständigen Schritten sind die nächsten Gleichgewichtsproben fällig. Sobald Kinder einigermaßen sicher stehen und gehen können, versuchen sie immer wieder aufs Neue, ihr Gleichgewicht auf die Probe zu stellen. Sie nutzen dabei jede Gelegenheit, die sich ihnen bietet. Beim Gang durch die Stadt kommt man daher kaum an Bordsteinkanten, schmalen Mauern oder Treppen vorbei, ohne daß sie hier ihre Gleichgewichtskünste üben.

Auf Dosen balancieren, auf einer Tonne stehen, auf Stelzen gehen, auf Bretterstegen wackeln – erst einen Fuß nachsetzen, dann einen Fuß vor den anderen stellen, die Arme werden zum Ausbalancieren benutzt. Dies alles sind alltägliche Übungsgelegenheiten zur Entwicklung des Gleichgewichtsempfindens, die von den Kindern aber weniger als Training, sondern vielmehr als interessante Spiele empfunden werden. Wenn sie älter werden, gewinnen Fahr- und Rollgeräte wie Rollschuhe und Schlittschuhe neue Reize. Auch Rollerfahren und Fahrradfahren bringen ein ständiges Training des Gleichgewichtssinns mit sich.

# 3. Vom wilden Spaß,
## die Sinne zu verschaukeln

Sich im Kreise drehen, bis man umfällt und beim Stehenbleiben dann fühlen, wie die Welt sich um einen weiter dreht. So hoch schaukeln, bis man an den Himmel stößt; Purzelbäume schlagen und dabei die Welt von unten betrachten – all dies bringt sinnliche Erfahrungen mit sich, in denen das Kind seine Beziehung zur Welt immer wieder neu ordnet.

Im Einsatz seiner Sinne zeigt sich die unmittelbare Lust des Kindes am Sich-Bewegen. Der Augenblick ist erfüllt, die Gegenwart wird gelebt. Hier, jetzt und heute lohnt es sich, auf den Baum zu klettern und über den Graben zu springen. Ob dies für die Zukunft auch einen Sinn hat, ist für Kinder ohne Bedeutung.

Viele Spiele der Kinder sind Versuche, ihre Sinne aufs äußerste zu reizen: auf einem Bürostuhl durch das Zimmer sausen, sich in einer Tonne den Hang hinunterrollen lassen, auf einem kippeligen Brett das Gleichgewicht auf die Probe stellen: Immer geht es darum, zu sehen, wann einem schwindelig wird, wie man der Anziehungskraft der Erde widerstehen kann und wo sich der Punkt für das Umkippen des Wackelbrettes befindet.

Mit allen Sinnen möchte das Kind seine Umwelt wahrnehmen und sich dabei nicht auf das Sehen und Hören beschränken. Es muß spüren, wie der Matsch durch die Finger quillt, es muß auf der Schaukel verschiedene Körperlagen einnehmen, um das Prinzip des Schaukelns zu verstehen; der grüne Wackelpudding will nicht nur mit der Zunge geschmeckt, sondern auch mit den Händen ertastet werden.

Vom höchsten Punkt der Schaukel abzuspringen heißt, einen Augenblick durch die Luft fliegen und das Risiko eingehen, daß man nicht auf den Füßen landet, sondern unsanft mit dem Po ins Gras plumpst. Und weil es nie schwindelig genug sein kann, legt man sich einfach bäuchlings auf die Schaukel und dreht sich so lange ein, bis die Schaukelseile zu einer einzigen Kordel zusammengedreht sind. Und dann gehts mit Schwung in die andere Richtung: Wie ein Karussell dreht sich die Schaukel auf und am Endpunkt bleibt sie nicht einfach stehen, sondern dreht sich sogar in der gleichen Richtung wieder zu.

„Es kitzelt im Bauch, wenn man so durch die Luft saust", versucht Annika das Gefühl zu beschreiben, das sie bei solchen Schaukelspielen hat.

„Mehr, mehr, noch mehr!" Maximilian kreischt vor Vergnügen, als er in der Decke zwischen Vater und Mutter hin- und hergeschaukelt wird. Das Schaukeln stellt für Kinder ein sinnliches Urerlebnis dar. Bereits im Mutterleib haben sie erfahren, wie sie mit jeder Bewegung der Mutter selbst bewegt worden sind. Als Babys wurden sie auf den Arm genommen und durch Hin- und Herwiegen beruhigt, in der Wiege sind sie durch leichtes Schaukeln in den Schlaf gesunken.

Beim Schaukeln entwickelt sich bei den Kindern der Gleichgewichtssinn, eines der wichtigsten Sinnessysteme, auf dem die Verarbeitung weiterer Sinneserfahrungen aufbaut. Schaukeln hilft manchen Kindern, ihre Konzentration zu verbessern, sie beruhigen sich, so wie sie auch als Baby durch das Wiegen eingeschlafen sind.

Schaukelpferde, Hängematten, Gartenschaukeln, Zimmerschaukeln bieten den Kindern Gelegenheiten, diesem Bedürfnis nachzukommen, aber auch Spiele mit anderen Kindern oder mit Erwachsenen lassen neue Schaukelideen entstehen:

## Schaukel – Spielideen

● **Schaukeltuch**
Zwei Erwachsene halten ein stabiles Bettlaken oder eine Decke zwischen sich. In jeder Hand halten sie einen Zipfel des Tuches. Ein Kind – je nach Alter der Kinder und Kraft der Erwachsenen auch zwei – liegt in der Decke und wird sanft hin- und hergeschaukelt.
Ebenso können auch das Kind und ein Erwachsener (oder ein älteres Kind) in einem Handtuch ein Kuscheltier schaukeln.

● **Hängende Wippe**
Am Klettergerüst ist ein dickes Tau mit Schlaufe befestigt; durch die Schlaufe wird ein Brett gelegt, auf dem die Kinder mit eigener Kraft hin- und herschaukeln können.
Eine solche Konstruktion fordert die Kinder zu immer wieder neuen Schaukel- und Wippexperimenten heraus: Das Brett kann bis zur Mitte durch die Schlaufe gezogen werden, so daß eine hängende Wippe für mindestens zwei Kinder entsteht.

In die Schlaufe kann auch ein langes Rohr eingelegt werden. Auf ihm lassen sich die Kinder in verschiedene Richtungen schwingen.

● **Reifenschaukel**
Auf einem an einem Punkt aufgehängten Autoreifen kann man nicht nur hin und her, sondern auch im Kreis schaukeln. Je nach Stabilität der Aufhängevorrichtung können hier sogar mehrere Kinder auf der Schaukel sitzen oder stehen.

## Sinnenreiche Spiele für Klein und Groß

**Fangen**
Eines der ursprünglichsten Spiele, das es in unzähligen Abwandlungen gibt, ist das Fangen. Kinder spielen es heute noch genauso gerne und fast genauso häufig wie früher. Sobald sie einigermaßen sicher laufen können, beginnen sie, ihre Eltern zu fangen.

Um annähernd gleiche Verhältnisse herzustellen, können Eltern zum Beispiel auf allen Vieren kriechen und so das Fangspiel auch mit Kleinkindern interessant halten.

Manche Kinder bevorzugen zunächst fast ausschließlich die Fängerrolle. Sie haben besonderen Spaß daran, wenn Eltern weglaufen, um sie dann möglichst schnell wieder einzuholen.

Andere wollen lieber selbst weglaufen und sich fangen lassen. Später sind sie dann fähig, in einem Spiel auch einen Rollenwechsel vorzunehmen und mal die Rolle des Fängers, mal die des Verfolgten zu übernehmen.

Das Fangenspielen repräsentiert eine grundlegende zwischenmenschliche Beziehung: Aufeinanderzugehen und sich voneinander abwenden. Im selben Spiel ist beides möglich: das Suchen von Nähe ebenso wie das Vergrößern der Distanz.

● **„Haltet die Kiste leer"**

Kleinkinder werfen gerne Gegenstände weg – mit dem Ziel, daß ein anderer sie ihnen wiederbringt; sie leeren Behälter aus und freuen sich besonders, wenn jemand anders alles Herausbeförderte wieder einräumt. Aus diesem Gegensatz „Ausleeren – Einräumen" kann ein lustiges Bewegungsspiel entstehen:

In einer Kiste (oder einer Wanne, einem kleinen Kasten) liegen ganz viele Bälle. Die Kinder werfen alle Bälle heraus, die Eltern sammeln sie schnell wieder ein und legen oder werfen sie zurück in die Kiste. Schaffen es die Kinder, den Behälter für kurze Zeit ganz leer zu halten?

Dieses Spiel funktioniert bei Kleinkindern am besten mit der geschilderten Rollenteilung: Die Kinder räumen aus, die Erwachsenen sammeln ein. Kehrt man die Rollen um und sollen die Kinder die von den Eltern herausgeworfenen Bälle zurückholen, wird das Spiel weitaus weniger gut gelingen, da die Kinder jetzt ihre Spielfreude mehr auf das Spiel mit den Bällen verlagern und die ursprüngliche Aufgabe schnell nicht mehr so ernst nehmen.

● **Karussell**

Der Erwachsene faßt das Kind fest an beiden Händen, dreht sich im Kreis, so daß das Kind sich mit den Füßen vom Boden löst und in der Luft schwebt.

Um zu vermeiden, daß dem Kind schwindlig wird, sollte man mit ihm vereinbaren, daß es während des „Fluges" STOP oder SCHNELLER rufen kann. Je nachdem, wie groß seine Lust ist, den Reiz zu erhöhen, kann es so die Flughöhe und -geschwindigkeit des Karussells steigern.

● **Düsenjäger**

Für Kinder, die vom Karussellspiel nicht genug bekommen können, kann man als Steigerung den „Düsenjäger" ausprobieren:

Das Kind wird mit jeweils einer Hand an einem Fuß und an einem Arm gefaßt und und im Kreis gedreht. Das Flugzeug kann mal tief, mal hoch fliegen, vor allem aber muß es ganz sanft landen.

● **Uhrpendel**
Ein Erwachsener hält das Kind an beiden Händen, hebt es vom Boden ab und läßt es seitlich hin- und herpendeln. Zuerst langsam (große Standuhr) „ding – dong", dann etwas schneller (normale Uhr) „tick – tack", dann ganz schnell durchschütteln „ticke-tacke-ticke-tacke ..."

Das gleiche Spiel kann auch so ausgeführt werden, daß das Kind mit dem Kopf nach unten hängt. Die Uhr steht Kopf (das Kind wird an den Füßen festgehalten).

● **Päckchen packen**
Ein Päckchen wird gepackt: Das Kind liegt auf dem Rücken, Arme und Beine werden an den Körper gelegt, so daß es zusammengekauert daliegt.
Nun wird das Päckchen zur Post gerollt: Das Kind in zusammengekauerter Stellung auf dem Boden (auf einer Decke oder auf Teppichboden) vorsichtig rollen.
Bei der Post will der Beamte wissen, was in dem Päckchen ist, also muß es noch einmal geöffnet werden (Arme und Beine lösen, strecken).
Dann wird es wieder verschnürt und abgeschickt: vom Boden aufheben und einem anderen Erwachsenen in die Arme oder auf die Couch legen.

● **Besuch im Zoo**
Im Zoo gibt es wilde Löwen mit fletschenden Zähnen, schwerfällig trottende Elefanten, sich auf dem Boden windende Schlangen, stolzierende Störche, watschelnde Pinguine, schleichende Tiger.
Auf weichem Teppich oder auf einer auf dem Boden liegende Wolldecke werden verschiedene Tiere in ihren Bewegungen dargestellt; manchmal ergibt sich auch ein kleiner Kampf zwischen den Löwen und Tigern.

# Die Stille entdecken

Das Alltagsleben der Kinder ist heute schon früh von Hektik und Unruhe geprägt. Termine beherrschen ihren Tagesablauf fast wie bei den Erwachsenen, Training im Sportverein, Musikunterricht und Verabredungen mit Freunden: Nicht selten müssen bereits Achtjährige einen Terminkalender führen, den sie zu Rate ziehen, wenn sie sich mit anderen Kindern treffen wollen.

So haben schon Kinder das Gefühl, keine Zeit zu haben, nicht mehr einfach in den Tag hinein spielen zu können, ohne Blick auf die Uhr und ohne Gedanken an etwaige Verpflichtungen.

Kinder brauchen jedoch auch Ruhe, um zu sich selbst zu finden, sie brauchen die Stille, um die ihr innewohnende Kraft erfahren und daraus neue eigene Kräfte schöpfen zu können.

Ruhe und Stille sind allerdings nicht als Disziplinierungsmaßnahmen zu verstehen: „Sei schön still", „kannst du nicht endlich mal ruhig sein" – dies sind Ermahnungen von Seiten der Erwachsenen, die Kinder leicht allergisch auf den Begriff „Stille" reagieren lassen. Mit der hier gemeinten Stille als In-sich-Hören und Entspannen haben sie wenig gemein. Innere Ruhe ist mehr als stillzusitzen und den Mund zu halten. Wirklich ruhig zu sein bedeutet, die inneren Kräfte zu sammeln und sich auf sich selbst besinnen zu können.

Ruhe ist daher auch kein Gegensatz zur Bewegung, sie ist nur in Verbindung mit ihr zu sehen. Kinder finden erst dann zur Stille, wenn ihre Bewegungsbedürfnisse erfüllt sind. Aktivität und Ruhe stellen sich gegenseitig ergänzende Pole der Eigentätigkeit und Lebendigkeit der Kinder dar.

In der Hektik des Alltags haben Entspannung und Stille eine ausgleichende Funktion. Sie ermöglichen Kindern (und Erwachsenen) Gelegenheit zur inneren Besinnung, zur Konzentration und Sammlung, zum Innehalten. (So wie beim Fangenspielen in aller Hektik des Weglaufens einen Ruhepol, ein Freimal aufzusuchen, innezuhalten, sich für kurze Zeit aus dem Spiel herauszubegeben. Kinder haben hierfür den Begriff „inne" geprägt).

Die Stille zu finden, heißt innehalten im Fluß der vielfältigen Eindrücke und Erfahrungen. Stille ist zwar Ruhe, aber auch ein aktives inneres Erleben. Stilleübungen können als „Tor zur inneren Welt" des Kindes betrachtet werden, damit werden neue Seh- und Wahrnehmungsmöglichkeiten eröffnet.

Manchmal müssen Kinder aber erst wieder die Stille entdecken, das Reizvolle und Angenehme der Stille kennenlernen, um sich in ihr wohlzufühlen und sich auf Dinge konzentrieren zu können, die ihnen sonst verschlossen bleiben.

Eine Möglichkeit, Stille zu erfahren, sind Übungen und Spiele, die alle Sinne wecken. Sich der Vielfalt von Erfahrungsmöglichkeiten über die Sinne bewußt zu werden, bedeutet für die Kinder auch, etwas über sich selbst zu erfahren und die eigene Wahrnehmungsfähigkeit zu erkennen.

Kinder wollen alles anfassen, ertasten, in die Hände nehmen. Was die Hände nicht greifen dürfen, kann auch der Kopf nur schwer begreifen. Sie wollen sich nicht auf das verlassen, was andere ihnen sagen oder was auf Papier geschrieben steht, sondern selbst herausfinden, wie eine Sache sich anfühlt, wie sie „geht", wie schwer sie ist.

Am besten kann man einen Gegenstand ertasten, wenn man die Augen schließt. Auch das Riechen und Schmecken wird intensiviert, wenn der Sehsinn, mit dem wir unsere Umwelt zuallererst aufnehmen, ausgeschaltet wird.

- **„Mit den Händen sehen" – Der Fühlsack**
  In einem Kopfkissenbezug stecken verschiedene Gegenstände (eine Nuß, Tannenzapfen, ein Stein, ein Löffel, ein Korken, eine Wäscheklammer etc.). Jedes Kind darf in das Kissen greifen und versuchen, einen Gegenstand zu ertasten. Nachdem es ihn benannt hat, holt es ihn heraus und vergleicht, ob es richtig geraten hat.

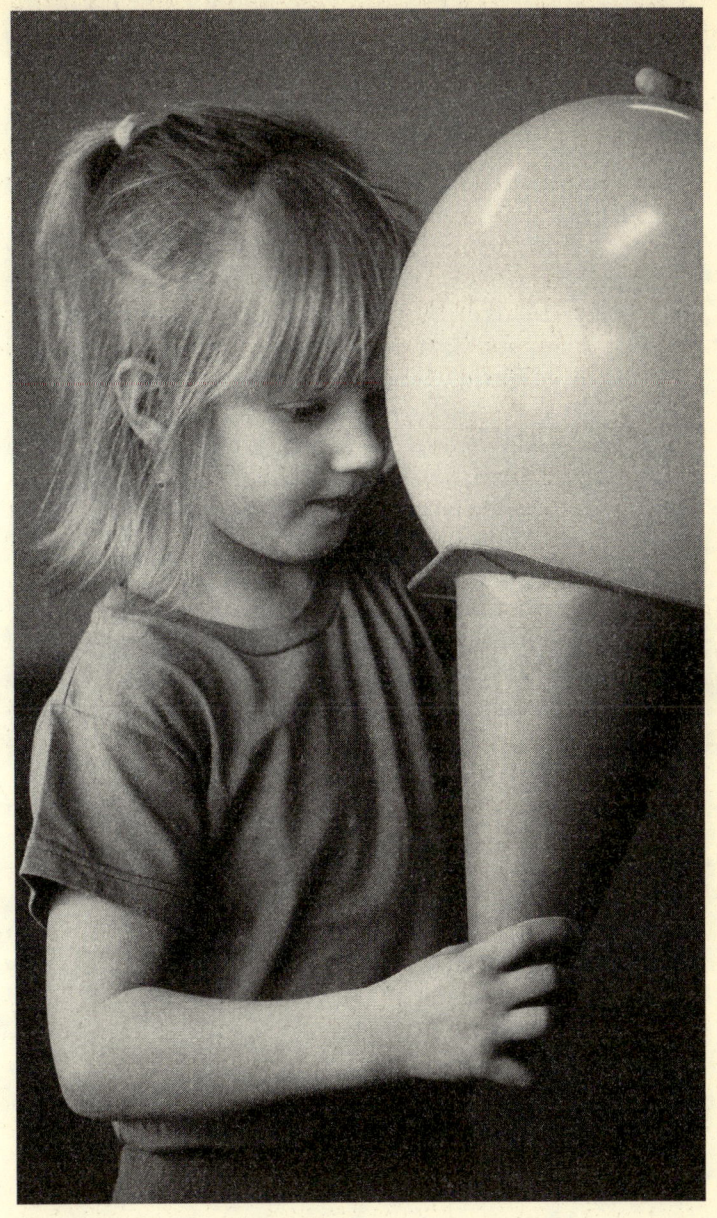

● **Variation:**

Nur ein einziger Gegenstand liegt in dem Sack oder unter einem Tuch. Der Reihe nach greift jedes Kind unter das Tuch, ertastet den Gegenstand, sagt jedoch nicht, was es erkannt hat, sondern reicht es dem nächsten weiter. Wenn alle einmal dran waren – jeder ertastet so lange, bis er den Gegenstand erkannt zu haben glaubt – nennt jedes Kind einen Begriff, mit dem er den Gegenstand beschreiben würde. Wo wird er gebraucht? Wie fühlt er sich an? Der mitspielende Erwachsene versucht zu ordnen, ob alle das gleiche meinen. Erst zum Schluß wird der Gegenstand beim Namen genannt und aus dem Kissenbezug herausgeholt.

Durch das Fühlen wird auch das Sehen intensiviert. Wenn wir einen Gegenstand mit den Händen ertasten und diese Eindrücke festgehalten haben, nehmen wir ihn auch mit den Augen anders wahr.

● **Eine weitere Variation:**

In dem Kissenbezug stecken sehr viele Gegenstände. Jeder Mitspieler kann so lange Dinge ertasten und herausholen, wie er richtig rät. Macht er einen Fehler, kommt der nächste Spieler dran.

● **Geräusche raten**

Alle Mitspieler sitzen am Boden. Bis auf den Spielleiter schließen alle die Augen. Sie sollen erraten, welches Geräusch von ihm erzeugt wurde. Zum Beispiel:
– ein Zeitungsblatt auseinanderfalten;
– mit einem Schlüsselbund rasseln;
– einen Reißverschluß öffnen;
– mit Plastiktüte knistern;
– einen Bleistift spitzen, etc.
Die Gruppe soll herausfinden, wie das Geräusch zustandekam. Wer es richtig erkannt hat, darf in der nächsten Runde Spielleiter sein.

● **Besteckkasten einräumen**
Ein Besteckkasten wird mit geschlossenen Augen einge-
räumt. Dabei sollen natürlich Messer, Gabeln, Löffel und
Teelöffel entsprechend getrennt werden.

● **Mark oder Pfennig?**
Die Mitspieler sitzen im Kreis und haben die Augen geschlossen. Der Spielleiter gibt einige Geldstücke herum
(Pfennige, Groschen, Markstücke). Die Teilnehmer sollen
durch Tasten herausfinden, um welche Münze es sich handelt.
Jeder versucht, sich den Wert des Geldstückes einzuprägen
und abschließend die Summe der Geldstücke zu nennen.
(Die Zahl darf nur so groß sein, daß die Kinder die Summe
auch zusammenzählen können).

● **Schlafender Tiger**
In der Gruppe wird ein Geräusch vereinbart, das jeden
schlafenden Tiger sofort aufweckt (zum Beispiel ein tiefes
Löwenbrummen). Alle schließen die Augen. Der Spielleiter macht mit seiner Stimme verschiedene Geräusch, er
läßt Gegenstände fallen oder zerknittert Papier etc. Alle
diese Geräusche stören die schlafenden Tiger aber nicht.
Nur beim Brummen wachen sie sofort auf.
Wer bei einem falschen Geräusch die Augen öffnet oder
sich bewegt, bekommt einen Minuspunkt.
(Zur besseren Übersicht kann man auch folgende Regel
einführen: Alle Mitspieler haben fünf Spielsteine, von denen sie einen abgeben müssen, wenn sie bei einem falschen Geräusch die Augen öffnen oder sich bewegen).
Oder (lustiger!): Jeder Spieler bekommt zwei Creme-
Punkte auf die Nase. Bei jedem Fehler wird ein Punkt weg-
gewischt.

● **Partner suchen (Codesignal)**
Jeweils zwei Kinder bilden zusammen ein Paar. Jedes Paar
vereinbart einen bestimmten Laut (ein Codesignal), durch

den sich beide verständigen können (leises Pfeifen, Summen, Piepen etc.), der sich aber von den Lauten der anderen unterscheidet.

Die Paare gehen nun getrennt voneinander durch den Raum, dann werden allen die Augen verbunden. Sie sollen nun mit Hilfe ihres „Codesignals" versuchen, ihre Partner wiederzufinden. Dabei darf weder gesprochen noch dürfen andere Geräusche als die vereinbarten gemacht werden.

Das Spiel ist zu Ende, wenn alle Paare zusammengekommen sind. Paare, die sich gefunden haben, dürfen die Augenbinden abnehmen, müssen aber weiterhin still sein.

● **Berührungskette**
Alle mitspielenden Kinder und Erwachsene stellen sich in einem Kreis auf und schließen die Augen (vorher wird vereinbart, wo der Beginn der Berührungskette ist).

Einer gibt nun eine Berührung (Händedruck, Tippen am Arm, sanft auf den Fuß treten) an seinen Nachbarn weiter; dieser versucht, sie in der gleichen Weise ebenfalls an seinen Nachbarn weiterzugeben. Ist der Händedruck beim ersten Spieler angekommen, öffnen alle die Augen und tauschen die beim Spiel gemachten Erfahrungen aus.

● **Ansteckende Grimassen**
Die Kinder sitzen wiederum im Kreis. Ein Mitspieler macht eine Grimasse. Der neben ihm sitzende wird von dieser „Krankheit" angesteckt und macht das gleiche Gesicht. Zum Schluß wird verglichen, ob es tatsächlich immer die gleiche Grimasse ist, die von der „Krankheit" verursacht wurde.

Eine Variation dieses Spiels ist folgende Idee:
● **Frau Meier ist krank**
Der erste Spieler sagt: „Frau Meier ist krank." Der neben ihm sitzende fragt: „Was hat sie denn?" „Sie hat 'nen schiefen Mund." Mit diesem schiefen Mund muß der zweite Spieler sich dem nächsten zuwenden, und die Fra-

gen undAntworten gehen in derselben Art weiter. Bei jedem Spie-ler kommt eine neue Krankheit dazu, die (wie beim „Kofferpacken") immer wiederholt werden müssen. Neben den Grimassen können auch andere „kranke" Körperteile einbezogen werden (etwa ein lahmes Bein).

● **Rückenpost**
Alle Mitspieler setzen oder stellen sich hintereinander. Der letzte zeichnet auf den Rücken seines Vordermannes ein einfaches Symbol (Kreis, Fragezeichen, Buchstaben). Dieser gibt es an den nächsten weiter. Ist das Zeichen beim Ersten der Reihe angekommen, wird verglichen, ob es sich noch um das gleiche Zeichen handelt, das der letzte der Reihe weitergegeben hatte.

● **Was stimmt hier nicht?**
Im Wohnzimmer (oder in einem anderen Zimmer) werden fünf Veränderungen vorgenommen (Anzahl vorher vereinbaren). Zum Beispiel wird ein Sofakissen ins Regal gelegt, der Kerzenständer kommt unter den Tisch, ein Paar Schuhe steht auf der Fensterbank. Die Mitspieler, die während der Veränderungen vor der Tür gewartet haben, müssen nun herausfinden, welche Dinge falsch sind.
Das Spiel kann auch bei einem Spaziergang draußen durchgeführt werden: Eine Blume wächst plötzlich am Baum, ein Stein liegt auf dem Zaun und ein Kastanienblatt wächst in der Hecke (in der Natur sollte die Spielfläche begrenzt werden und die Anzahl der Veränderungen genau angegeben werden).

● **Detektiv Scharfauge**
Alle sitzen im Kreis. Einer wird zum Detektiv bestimmt. Dieser schaut sich seine Mitspieler genau an und merkt sich ihr Äußeres so gut wie möglich. Während er nun rausgehen und vor der Tür warten muß, werden an einigen der im Kreis Sitzenden Veränderungen vorgenomen (die Brille abnehmen, die Frisur verändern, eine Kette vertauschen

etc.). Der Detektiv wird nun hereingerufen und soll herausfinden, was sich an den Mitspielern verändert hat (auch hier die Anzahl der Veränderungen bekanntgeben).

- **Duftbecher**
  Gewürze (den Kindern bekannte Gewürze wie Zimt, Vanille, Pfeffer) oder andere stark riechende Stoffe (Parfüm, Zitronen, Seife, Kaffee etc.) werden jeweils in einem Joghurtbecher versteckt und mit Papier abgedeckt. Auf der Unterseite steht auf einem Zettel der Inhalt vermerkt.
  Die Duftbecher werden von einem Kind zum anderen weitergereicht. Jeder riecht daran und sagt oder schreibt auf, was er in den Bechern vermutet. Durch einen Blick auf den Becherboden kann er kontrollieren, ob seine Nase richtig erkannt hat.

  Variation:
  Mehrere Becher stehen auf einem Tuch. Jedes Kind nimmt sich einen Becher und versucht zu riechen, was sich darin befindet.
  Der Becher wird dann wieder unter die anderen gemischt, so daß er auch von den anderen Mitspielern erraten werden kann.

- **Detektiv Spürnase**
  Wieder wird ein Kind (das nicht gerade Schnupfen hat) zum Detektiv bestimmt. Der Detektiv hat eine besonders gute Nase und soll drei Dinge benennen, die die anderen Gruppenmitglieder ihm unter einem Tuch servieren (Parfüm, Kaffee, Zitrone).

- **Geschmackstest**
  Verschiedene Säfte oder Getränke (Zitronensaft, Wasser, Milch, Tee) werden in undurchsichtige Becher gefüllt. Jeder Mitspieler erhält einen Becher und soll mit geschlossenen Augen herausschmecken, um welchen Saft es sich handelt.

# 4. Laßt den Philipp ruhig mal zappeln

Wer kennt ihn nicht, den Philipp, der nie ruhig sein kann, dauernd herumrennt; der im Sitzen so lange kippelt, bis er mitsamt Stuhl umfällt, der den Saft nur mit Schwung ins Glas gießen kann – ein Teil geht stets daneben – und der an keinem Hindernis vorbeikommt, ohne daran zu stoßen.

Etwas bewegt sich immer an ihm. Wo er auch auftaucht, verbreitet er Unruhe, fängt vieles an und bringt selten etwas zu Ende. In der Schule stört's nicht nur den Lehrer, sondern auch die anderen Kinder; selbst im Sportunterricht, wenn er seinem Bewegungsdrang endlich einmal nachkommen kann, eckt er an: Er ist unvorsichtig bis tollkühn, schätzt seine Leistungsgrenze falsch ein und stört jedes geregelte Spiel, weil er nicht warten kann, bis er an der Reihe ist. Manchmal wirkt er auch ungeschickt, seine Bewegungen sind unkoordiniert und ungesteuert.

In der Schule oder im Kindergarten wie auch zu Hause – immer gibt es Reibereien, und meist ist „Philipp" auch mit sich selbst nicht zufrieden, da ihm vieles nicht so gelingt, wie er es sich wünscht. Er leidet unter den Problemen, die er mit sich selbst und anderen hat, ist oft leicht reizbar und weint schnell.

Solche „Philippe" sind nicht selten. Glaubt man den Erzieherinnen und Lehrern, dann treten sie immer häufiger auf und machen den Erziehungsalltag in Kindergarten und Schule zunehmend schwieriger.

In der Fachliteratur werden hierfür die Begriffe „Hyperaktivität" oder „Aufmerksamkeits-Defizit-Störung" (ADS) verwendet, seltener auch „Hyperkinetisches Syndrom". Dieser letzte Begriff weist ebenso wie die Bezeichnung „Hyperaktivität" bereits darauf hin, daß die Bewegung einen wichtigen

Anteil an der Beschreibung des kindlichen Verhaltens hat: Die Kinder bewegen sich viel zu schnell, zu ungesteuert, mit zu großem Kraftaufwand. Oft sind sie nach kurzer Bewegungszeit in Schweiß gebadet, sie können ihre Kräfte nicht einteilen und verausgaben sich schnell. Obwohl sie nichts so sehr zu lieben scheinen wie Bewegung, fällt ihnen doch die Koordination und Feinsteuerung ihrer Bewegungshandlungen schwer. So verzweifeln sie manchmal an Aufgaben, bei denen eine genaue, dosierte Steuerung erforderlich ist. Ebenso haben sie Schwierigkeiten bei feinmotorischen Leistungen wie etwa beim Malen, Schreiben, Schneiden mit der Schere. Sie halten den Stift verkrampft und schreiben mit zu viel Kraft.

Darüber hinaus leiden sie meist unter geringem Selbstvertrauen und haben dauernd Schuldgefühle.

Nun ist der Fall des „Philipp" (es gibt übrigens auch die „Philippine", aber das beschriebene Verhalten tritt bei Jungen nachweislich weitaus häufiger auf als bei Mädchen) kein neu entdecktes Phänomen, das erst in den letzten Jahren in Erscheinung getreten ist.

Die Sammlung der Struwwelpeter-Geschichten verweist darauf, daß bereits 1845 dem Frankfurter Nervenarzt Dr. Heinrich Hoffmann die Symptome der Hyperaktivität und der Aufmerksamkeitsstörung bekannt sein mußten. In der Figur des „Zappelphilipp" sind all die Probleme zusammengefaßt und illustriert, die den Lebensalltag vieler Kinder heute immer häufiger belasten.

Bei der Hyperaktivität handelt es sich nicht um ein eindeutig definierbares Erscheinungsbild, sondern eher um eine Ansammlung verschiedener Einzelsymptome. Zu den am häufigsten zu beobachtenden Merkmalen gehören:

– übermäßige Bewegungsaktivitäten, die meistens ziel- und planlos wirken und mit mangelnder Impulskontrolle verbunden sind;

– unangemessener Energieaufwand beim Sich-Bewegen (Kraft und Bewegungstempo können schlecht dosiert werden);

– Unfähigkeit, abzuwarten und momentane eigene Bedürfnisse zurückzustellen;

– erhöhte Reizempfindlichkeit (die Kinder reagieren auf alle Außenreize vor allem im visuellen und auditiven Bereich) und geringe Fähigkeit zur Reizdifferenzierung (wichtige Reize können nicht von unwichtigen unterschieden werden);

– infolgedessen beeinträchtigte Wahrnehmungsfähigkeit – Sinnesinformtionen können nicht angemessen verknüpft und verarbeitet werden;

– Konzentrations- und Aufmerksamkeitsstörungen;

– schnelle Erregbarkeit und niedrige Frustrationstoleranz.

Ebenso uneinheitlich wie das Erscheinungsbild der Hyperaktivität sind die Ursachen. Sie reichen von der Annahme einer frühkindlichen Hirnfunktionsbeeinträchtigung, dic zum Beispiel aufgrund von Sauerstoffmangel bei der Geburt oder durch Infektionen im Lauf des ersten Lebensjahres entstanden sein kann, über eine Stoffwechselstörung bis hin zu Nahrungsmittelallergien. Hyperaktivität kann genetisch bedingt, das heißt vererbt sein oder auch durch die jeweilige Lebenssituation des Kindes erst hervorgebracht werden.

Die Diagnose ist nicht einfach, und oft können auch Kinderärzte nur einen Verdacht auf Hyperaktivität aussprechen, aber keine eindeutige Diagnose stellen.

### Hyperaktivität – Zeichen kindlicher Bewegungsfreude oder Folge einer Entwicklungsstörung?

Hyperaktive Kinder zeichnen sich vor allem durch einen überschäumenden Bewegungsdrang aus. Aber längst nicht alle bewegungsfreudigen Kinder sind hyperaktiv, und so entsteht leicht die Gefahr, daß Kinder, die voller Spontaneität, Neugierde und Aktivität stecken, als krank etikettiert werden, wenn ihr Verhalten der ruhebedürftigen Erwachsenenwelt auf die Nerven fällt. Die für Kinder typische Aktivität wird oft erst aus der Perspektive der Erwachsenen zu einem „auffälligen" Verhalten, zur Hyperaktivität. Überschäumende kindliche Bewegungstätigkeiten sind eben nicht immer hyperkinetisch, sondern auch Ausdruck von Lebens- und Bewegungsfreude.

Hier gilt es zu unterscheiden, ob die übermäßige Aktivität des Kindes überdauernd oder aber nur situativ bedingt ist, also zum Beispiel immer dann auftritt, wenn das Kind längere Zeit zum Stillsitzen verurteilt war oder sich in einer ungewohnten Art konzentrieren mußte. Wenn Kinder nach einer vierstündigen Autofahrt endlich aussteigen dürfen und dann beim Essen in der Raststätte am Tisch herumhampeln und durch die Gänge „düsen", dann ist dies kein Anzeichen von Hyperaktivität, sondern eine ganz normale Reaktion auf eine zu lange Ruhigstellung.

Schaut man sich die Lebensbedingungen an, unter denen viele Kinder heute aufwachsen, die ständige Reizüberflutung, die Einschränkung ihrer Bewegungsmöglichkeiten und die beengten Wohnverhältnisse, dann könnte man sagen, Hyperaktivität sei nichts weiter als eine gesunde Reaktion des Kindes auf eine krankmachende Umwelt (vgl. Kap. 1).

Diese Meinung, die heute durchaus von vielen Fachleuten geteilt wird, hilft zwar den betroffenen Familien nicht viel weiter. Sie kann aber dazu beitragen, daß das Verhalten des Kindes nicht isoliert von seiner Umwelt betrachtet und die Ursache nicht allein beim Kind, in hirnorganischen Störungen oder in den Erbanlagen gesucht wird.

Ein klares Rezept, wie den Konzentrations- und Verhaltensproblemen der Kinder begegnet werden kann, gibt es nicht. Für einige Kinder bringt eine Umstellung der Ernährung Hilfe, andere benötigen zusammen mit den anderen Familienmitgliedern eine psychologische Beratung. Manchmal sind die Probleme für das Kind und seine Umgebung so belastend, daß den Eltern der Griff zu Medikamenten als letzter Ausweg bleibt. So bringen in vielen Fällen sogenannte „Stimulantien" schnelle und wirksame Hilfe. Sie haben eine paradoxe Wirkung: Hyperaktive Kinder werden nach der Einnahme dieser – eigentlich anregenden – Mittel ruhiger, ihre motorische Aktivität und die impulsiven Reaktionen nehmen ab, sie können sich besser konzentrieren.

Umstritten sind allerdings die Nebenwirkungen solcher

Medikamente. Von Pädagogen und Psychologen wird darauf hingewiesen, welche Gefahr darin steckt, wenn ein Kind so frühzeitig lernt, auf Probleme im Umgang mit sich selbst oder mit anderen Medikamente einzunehmen. Verändertes Verhalten führt es dann nicht auf seine eigene Anstrengung zurück, sondern auf die medikamentöse Behandlung. Und ebenso lernt es, auch zukünftig bei allen Schwierigkeiten mit dem Griff in den Arzneimittelschrank zu reagieren und von dort Abhilfe zu erhoffen.

Eltern können ihrem Kind bereits damit helfen, daß sie ihm seine Bewegungsunruhe nicht ständig zum Vorwurf machen. Viel sinnvoller ist es, im normalen Tagesablauf Entlastung durch ausreichende Bewegungsmöglichkeiten zu geben und eventuell durch gezieltere Formen eines Entspannungstrainings zur Ruhefindung beizutragen.

Indem man den Bewegungsdrang der Kinder nicht unterdrückt oder mit Medikamenten dämpft, sondern ihn zur Aktivierung der Mitarbeit nutzt, gibt man dem Kind auch die Chance, über die Körperbeherrschung zu einer besseren Selbstbeherrschung und Selbstkontrolle zu kommen.

Über Hyperaktivität wird heute viel diskutiert, viele Fachbücher und Ratgeber befassen sich mit ihren Symptomen. Sie wird zu den Aktivierungs- und Antriebsstörungen gezählt. Ein viel weniger beachtetes, aber ebenso ernstzunehmendes und schwer faßbares Problem ist eine andere Art der Aktivierungsstörung: Die Hypoaktivität, also eine Antriebshemmung und -schwäche. Diese Kinder fallen jedoch im Gegensatz zu den hyperaktiven kaum auf, die Umwelt nimmt sie kaum wahr. Sie gelten als brav und ruhig, und ihr Verhalten wird daher in den wenigsten Fällen von Erzieherinnen, Lehrern und Eltern als problematisch empfunden. Dabei kann Hypoaktivität für das Kind ein viel schwerwiegenderes Problem darstellen als überschießendes, übermäßig aktives Verhalten. Das Kind zieht sich nach Mißerfolgen und Anpassungsschwierigkeiten auf sich selbst zurück, kapselt sich ab, wird kontaktscheu, gehemmt und ängstlich. Es scheint aufgegeben zu haben, sich gegen unangemessene Reaktionen seiner sozialen Umwelt aufzulehnen.

Demgegenüber macht das hyperaktive Kind seinem Ärger Luft, es wehrt sich gegenüber vermeintlicher Benachteiligung oder Unverständnis von seiten der Mitmenschen und wird sogar aggressiv.

Beide Gruppen von Kindern sind vor allem durch massive Selbstwertprobleme gekennzeichnet. Die negativen Erfahrungen in vielen Situationen haben sie zu dem Schluß gebracht, daß sie Versager, Nieten, Verlierer sind. Uneins mit sich selbst, haben sie auch Schwierigkeiten mit anderen. Sie finden keinen Kontakt oder sind distanzlos und drängen sich auf. Während hyperaktive Kinder sich durch Vitalität auszeichnen, die ihnen jedoch viel Ärger mit der Erwachsenenwelt einbringt, fällt die Antriebsschwäche hypoaktiver Kinder der Umwelt kaum zur Last. Sie leiden eher unter sich selbst als daß andere unter ihnen leiden.

## Durch Bewegung zur Konzentration

Einem Kind, das durch seine Bewegungsunruhe und sein zappeliges Verhalten auffällt, auch noch Bewegung zu verordnen, scheint auf den ersten Blick ähnlich paradox zu sein, wie seine übermäßige Erregbarkeit mit Stimulantien bekämpfen zu wollen. Die Vorliebe der Kinder für einfache, elementare Bewegungen wie Wippen, Schaukeln, Kippen, Drehen, Federn, Rutschen kann als sinnvolle Eigenstimulation des Kindes betrachtet werden. Damit wird das Zentralnervensystem aktiviert, dem Gehirn werden Reize zugeführt, die dieses zu seiner besseren Organisation braucht. Meist sind es Bewegungen, die das Gleichgewichtssystem ansprechen. Sie haben auf das Verhalten des Kindes eine beruhigende Wirkung. Manchmal können sich Kinder nach einer intensiven Bewegungsphase (zum Beispiel Schaukeln in einer Hängematte oder in einem an der Decke aufgehängten großen Schaukeltuch) sehr viel besser konzentrieren und einer ruhigeren Betätigung nachgehen.

Beobachtungen in einem Kindergarten bestätigten, daß vor allem bei den als bewegungsunruhig geltenden Kindern dann,

wenn sie viele Gelegenheiten zum Drehen, Schaukeln, Schwingen und Trampolinspringen hatten, auf die Dauer eine Abnahme der mangelnden Impulssteuerung und eine allgemeine Verbesserung der Körperkontrolle eintrat.

Bewegungsunruhigen Kindern helfen:

– Bewegungsspiele, bei denen Auf- und Abbewegungen des Körpers in der Senkrechten und in der Waagerechten möglich sind (zum Beispiel Federungen auf elastischem Untergrund, auf Matratzen oder Trampolin);

– schaukelnde Bewegungen (auf einem Schaukelpferd, in Hängematten, in und auf hängenden Schaukeln jeder Art, aber auch Schaukeln auf dem Arm eines Erwachsenen);

– Dreh- und Schleuderbewegungen (Karussellfahren, Fahren auf Rollbrettern, auf oder in selbstgebauten Rollkisten, Flugzeugspielen mit einem Erwachsenen, der die Kinder an den Armen hält und herumschleudert);

– Dreh- und Rollbewegungen um die Körperlängs- und -querachse (sich einen Abhang hinunter purzeln lassen, sich hinunterrollen oder -wälzen, sitzend oder liegend in Tonnen, Röhren oder Autoreifen gerollt werden, sich in eine Decke einrollen lassen);

– Gleichgewichtsspiele in der alltäglichen Umgebung und auf möglichst unterschiedlichen Gegenständen (auf Mauern und Balken oder Baumstämmen balancieren, das Gleichgewicht auf labilem Untergrund wie etwa einem Wackelbrett oder einer halbrunden Baumscheibe halten, Rollschuh fahren, Schlittschuh laufen, Roller und Fahrradfahren).

Wenn möglich, sollte sich das Kind diese Reize selber „holen" können, wenn ihm danach zumute ist. Dies bedeutet, daß im Kinderzimmer eine Hängematte angebracht sein könnte, in die sich das Kind hineinlegen kann, wenn es das Bedürfnis danach hat. Eine Schaukel im Flur oder ein Matratzenberg können dem Kind Gelegenheit geben, auch zwischendurch einmal seine Bewegungsbedürfnisse auszuleben und hierfür nicht extra einen Spielplatz oder eine Turnhalle aufsuchen zu müssen (vgl. auch Kap. 5 ).

Neben intensiven Bewegungsreizen können aber auch

Übungen und Spiele, die einen Wechsel von Anspannung und Entspannung zur Folge haben, den Kindern Hilfen geben.


### Spielideen zur Entspannung

*Tobias hat Schwierigkeiten mit dem Einschlafen. Nach dem Vorlesen ist er erst eine Weile still, dann aber steht er mehrmals wieder auf, muß etwas trinken, das Licht ist zu hell, dann ist es wieder zu dunkel, dann muß er dringend noch etwas in seine Schultasche packen ...*

*So geht es mehrere Tage, und seine Mutter ist der Verzweiflung nahe, denn alle ihre guten Ideen zur Einschlafhilfe helfen nichts.*

*Eines Abends ist es auffallend ruhig im Kinderzimmer. Die Mutter wartet eine Viertelstunde und entschließt sich dann nachzusehen, ob Tobias etwa schon schläft. Mit halbgeschlossenen Augen liegt er im Bett und flüstert ihr zu: „Pssssst, Mama, ich bin schon fast am Schlafen. Ich hab jetzt einen Trick erfunden, wie ich ganz schnell müde werde." Gespannt läßt sie sich den „Trick" erklären:*

*„Ich lege mich ins Bett und mache die Arme und Beine ganz steif, mit den Händen mache ich eine Faust und kneife die Augen fest zu" (er spannt den ganzen Körper an und verzieht das Gesicht zu einer Grimasse). „Und wenn ich dann loslasse, dann bin ich ganz ganz müde."*

*Und tatsächlich, an diesem Abend und ebenso an den folgenden schläft Tobias ein, ohne ein einziges Mal aufzustehen.*

Tobias hat – ohne es zu wissen und ohne je darüber etwas gehört zu haben – für sich eine spezifische Form des Entspannungstrainings entdeckt.

Diese Methode ist in ihrer Funktionsweise sehr einfach und kann auch ohne Training und Ausbildung schnell erlernt werden.

Sie baut darauf auf, daß Entspannung am ehesten erfahrbar und steuerbar ist, wenn die Muskulatur zunächst intensiv angespannt und dann gelockert wird. Durch willentliche Erhöhung der Muskelkontraktion lernt der Übende im Laufe der Zeit, auch feinste Veränderungen in seiner Muskelspannung wahrzunehmen. Beginnende Verspannungen können so frühzeitig wahrgenommen werden, um bewußt mit Entspannung darauf zu reagieren.

Spannung und Entspannung sind sowohl körperliche als auch psychische Phänomene. Vor allem bei Angst, Unsicherheit, Ärger und Wut handelt es sich um Gefühle, die auch sehr häufig zu einem angespannten Zustand der Muskulatur führen. Bewußt einen Wechsel zwischen Anspannung und Entspannung herbeiführen zu können, heißt auch, mit Emotionen besser umgehen zu lernen und über die körperliche Entspannung zu einer psychischen Gelöstheit zu gelangen.

Auch dieser Weg kann dazu beitragen, daß Kinder ihre Bewegungsunruhe wenigstens zeitweise „in den Griff bekommen". Sie erfahren die wohltuende Wirkung von Entspannung und spüren, wie sie daraus wieder neue Kraft und Aufmerksamkeit schöpfen.

Besonders beliebt sind Entspannungsphasen bei Kindern, wenn sie sich vorher körperlich verausgaben konnten. Nach bewegungsreichen Laufspielen zum Beispiel haben sie selbst das Bedürfnis, zur Ruhe zu kommen.

Die hier vorgestellten Entspannungsspiele sind Vorläufer der „richtigen" Entspannnungstechniken (Autogenes Training, Progressive Relaxation).

Damit Kinder sich überhaupt vorstellen können, was Entspannung bedeutet, ist es hilfreich, Vorstellungsbilder heranzuziehen. So kann ein Gummiband mal ganz gespannt, mal ganz locker sein; wenn man an ihm zieht, wird es größer und länger, und wenn es zusammenschnellt, wird es schlaff und auch wieder kleiner.

Diesen Wechsel zwischen Anspannung und Entspannung kann man anhand eines richtigen Gummibandes verdeutlichen, man kann aber auch mit den Kindern selbst Gummiband spielen:

● **Gummiband**

Alle Mitspielenden liegen am Boden (auf Teppichboden oder auf einer Decke):
Stellt euch vor, an euren Füßen und Armen sind Gummibänder befestigt. An einem der Bänder wird nun gezogen, das Bein wird immer länger und länger; dann wird das Gummiband langsam gelockert, und ebenso weicht die Spannung auch aus dem Bein, es liegt nun locker auf dem Boden.
Nacheinander werden alle frei beweglichen Körperteile (Arme, Beine, Kopf) in Spannung versetzt und dann wieder entspannt.

● **Blumen welken**

Die Kinder liegen auf dem Boden und stellen sich vor, sie seien Blumen, die ganz ausgetrocknet sind. Die Arme sind die Blätter, sie hängen schlaff am Körper herunter, der Kopf stellt die Blüte der Blume dar, auch er hängt nach unten und ist ganz schwer.
Nun bekommt die Blume Wasser. Sie richtet langsam wieder ihre Blätter und die Blüte auf, und dann steht sie ganz straff und stolz da. (Arme aufrichten, Kopf anheben).
Jetzt regnet es sogar, und die Blätter wachsen, die Blume wird immer größer (Arme anheben und Kopf weit nach oben strecken).
Aber dann kommt wieder eine Trockenzeit ...

● **Luftmatratze**

Partneraufgabe: Ein Kind liegt auf dem Boden und stellt sich vor, es sei eine Luftmatratze, die aufgepumpt werden soll. Bei jedem tiefen Atemzug wird die Matratze praller. Der Körper spannt sich jedesmal ein bißchen mehr an, bis die Luftmatratze von oben bis unten prall mit Luft gefüllt ist. Dann wird ganz langsam mit einem langen Atemzug die Luft aus der Matratze abgelassen.

Variation:
Die gleiche Aufgabe kann man auch mit einem Partner ausführen. Dieser pumpt durch laute Blasgeräusche pantomimisch die Luftmatratze auf, das am Boden liegende Kind spannt dabei langsam den Körper an. Abschließend wird das Ventil geöffnet, und die Luft entweicht der Matratze laut zischend.

● **Erstarren**
Die Kinder bewegen sich frei im Raum. Ein Kind spielt den Zauberer. Wenn es einen „Zauberstab" (z. B. bemalte Papierrolle) hochhält, müssen alle plötzlich in ihrer Bewegung innehalten und sind in der Haltung, in der sie sich gerade befunden haben, erstarrt. Wer am längsten in dieser Zauberhaltung verbleiben kann, ohne sich zu bewegen, wird zum neuen Zauberer.

● **Einschlafspiel**
Zum besseren Einschlafen kann den Kinder folgende Geschichte erzählt werden:
„Du liegst im Sand am Meer in der Sonne. Die Sonnenstrahlen sind ganz warm, und streichen über deine Haut. Dir ist ganz warm, und du fühlst dich wohl. Jetzt aber reckst und streckst du dich, denn du hast schon viel zu lange hier am Strand gelegen, du machst dich ganz lang und sinkst dann doch wieder in dich zusammen und bleibst ganz ruhig liegen..."

● **„Ein Langschläfer erwacht"**
„Stellt euch vor, ihr liegt morgens im Bett, und es ist eigentlich höchste Zeit zum Aufstehen. Die Arme machen den ersten Versuch, sie recken und strecken sich, aber schon nach kurzer Zeit sinken sie wieder zurück. Schließt die Augen und bleibt in einer bequemen Stellung ganz ruhig liegen. Das rechte Bein wird nun vom schlechten Gewissen gepackt; es wird ebenfalls angespannt, in verschiedene Richtungen gestreckt, gibt jedoch auch wieder auf

und fällt zurück. Nacheinander machen alle Körperteile den Versuch, den Langschläfer zum Aufstehen zu bewegen. Es siegt jedoch jedesmal die Faulheit, und er sinkt zurück ins warme, weiche Bett."

- **Samenkörner wachsen**
  Die Kinder liegen zusammengekauert auf der Erde. Sie sind Samenkörner, aus denen kleine Pflanzen wachsen. Die Pflanzen werden immer größer. Die Kinder richten sich bei dieser Vorstellung aus ihrer zusammengekauerten Haltung langsam auf.
  Aus der Pflanze sprießt sogar eine schöne Blüte (den Kopf aufrichten). Jetzt wachsen die Blätter der Pflanze (Arme zur Seite ausstrecken), aber nach einiger Zeit welkt sie und fällt in sich zusammen (genau wie die Kinder, die wieder in ihre zusammengekauerte Stellung auf den Boden zurücksinken).

- **Bierdeckeldecke**
  Ein Kind liegt auf dem Boden. Auf ein Körperteil wird ein Bierdeckel gelegt. Das Kind soll nun diesen Körperteil anspannen. Wird der Bierdeckel weggenommen, soll der Körperteil wieder entspannt werden.

  Bei den vorangegangenen Beispielen erfolgte die Entspannung durch die aktive Mitarbeit des Kindes. Die folgenden Vorschläge lassen ein Genießen der Ruhe und Berührung ohne aktive Mitarbeit zu.

- **Tennisballmassage**
  Ein Kind liegt auf dem Bauch auf dem Boden (auf einer angenehm weichen Decke). Ein Erwachsener oder ein anderes Kind lassen einen Tennisball auf seinem Rücken rollen (dabei etwas Druck ausüben, so daß der Körper durch die Bewegungen des Balles massiert wird).
  Für die Massage können auch zwei Tennisbälle eingesetzt werden, so daß mit jeder Hand gleichzeitig massiert wird

(nicht nur auf dem Rücken rollen, sondern den ganzen Körper einbeziehen).

● **„Teig kneten"**
Neben dem auf dem Bauch liegenden Kind kniet ein Partner und erzählt ihm eine Geschichte vom Kuchenbacken. Dabei stellt er alle Handlungen des Teigknetens, Rührens und so weiter auf dem Rücken des Kindes dar:
„Wir haben einen schönen dicken Hefeteig, aus dem wir einen Kuchen backen wollen. Aber zuerst muß der Teig tüchtig geknetet werden
(den Rücken mit beiden Händen „kneten").
Der Teig ist noch zu fest, da muß etwas Milch dazu (leichte vibrierende Bewegungen mit den Fingerspitzen).
Jetzt muß die Milch untergeknetet werden (knetende Bewegungen).
Nun klebt der Teig am Tisch; ich muß noch Mehl dazu geben (mit Fingerspitzen Mehl „einstäuben").
Nun kann der Teig ausgerollt werden (den Unterarm auf den Rücken pressen, dabei Stück für Stück nach oben „rollen").
Immer noch klebt der Teig (Mehl mit Fingerspitzen rieseln lassen)
Diesmal wird das Mehl eingeklopft (mit den Fäusten leicht auf den Rücken klopfen).
Jetzt wird er wieder ausgerollt und auf das Blech gelegt. Ein bißchen muß er noch in die Ecken gedrückt werden (sanfte Streichbewegungen an den Schultern und am Nacken).
Zum Schluß wird der Teig auf dem Blech noch einmal ganz glattgestrichen (sanftes Streichen über den ganzen Rücken).

# 5. Räumt die Stühle raus, laßt Bewegung rein!

Es ist ein Trugschluß, daß kleine Kinder kleine Räume brauchen. Gerade in den ersten Lebensjahren brauchen Kinder viel Bewegungsfreiheit, die sich nicht allein mit dem gelegentlichen Besuch eines Spielplatzes erreichen läßt.

Der erste und lange Zeit auch wichtigste Bewegungsraum der Kinder ist die elterliche Wohnung. Hier – in der Familie – macht es die ersten Bewegungserfahrungen. Oft ist die Wohnung jedoch überhaupt nicht auf die Bewegungsbedürfnisse von Kleinkindern eingerichtet. Überall gibt es Verbotenes, Gefährliches: niedrige Glastische mit scharfen Kanten, Topfpflanzen, die umfallen, wenn man an ihnen vorbeikriecht und Stühle, die kippen, wenn man sie zu erklettern versucht.

Wohnungen sind heute – gemessen an der Anzahl der Personen, die in ihnen leben, größer geworden. Von der Vergrößerung des Wohnraums profitieren auch die Kinder. Aber zunehmend wird die Nutzung des zur Verfügung stehenden Raumes spezialisierter. Kinder werden auf bestimmte Kinderräume verwiesen, Spielen hat im Kinderzimmer stattzufinden und nicht im Wohnzimmer, das ist für Erwachsene reserviert, und hier soll vor allem Ordnung herrschen.

Die Bewegungsbedürfnisse von Kindern machen aber nicht vor der Wohnzimmertür halt, und sie sind besonders groß, wenn die Wohnung eng und das Spielen in der unmittelbaren Umgebung draußen durch verkehrsreiche Straßen oder ruhebedüftige Nachbarn eingeschränkt ist.

Nun müssen sich die Spiel- und Bewegungsbedürfnisse der Kinder und die Ruhe- und Ordnungsbedürfnisse der Erwachsenen nicht unbedingt widersprechen. Mit ein bißchen Umgestaltung der Wohnung und vor allem ein wenig Tole-

ranz gegenüber den Kindern lassen sich auch in kleineren Wohnungen die Spielflächen für Kinder vergrößern und sogar Bewegungsgelegenheiten einplanen. Allerdings sind hierfür einige Vorkehrungen notwendig, die aber durchaus den Wohnwert für die Erwachsenen nicht verringern, sondern vor allem für Familien mit Kleinkindern gemeinsamen Spiel- und Lebensraum schaffen können.

### Die bespielbare Wohnung – Traum der Kinder, Alptraum der Eltern?

Um sich selbst unnötigen Streß und dauernde Ermahnungen zu ersparen und die Kinder vor wirklichen Gefahren zu schützen, sollten Eltern – sobald die Kinder beginnen, sich krabbelnd fortzubewegen – ihre Wohnung auf Kindersicherheit überprüfen: Steckdosen und unerlaubte (nicht alle) Schubladen mit Kindersicherungen versehen, Blumenvasen und zerbrechliche Gegenstände eine Etage höher stellen, gefährliche, instabile Möbelstücke entfernen. Vielleicht ist es für Erwachsene hilfreich, wenn sie einmal krabbelnd und kriechend die Perspektive des Kindes einnehmen und so viel besser abschätzen können, wo eventuelle Gefahren lauern.

In einer Wohnung, die nach diesen Vorkehrungen einigermaßen kindersicher ist (nicht sicher **vor** Kindern, sondern sicher **für** Kinder), sind Bewegungsgelegenheiten auch außerhalb des Kinderzimmers möglich:

So können z. B. Diele oder Flur zum Schlittern auf Staubtüchern benutzt werden – sofern sie einen glatten Bodenbelag haben (Holzfußboden, Kunststoffbelag oder Steinplatten).

Hat die Wohnung einen langen, schmalen Flur, können an der Decke zwei Haken für eine – bei Bedarf wieder abnehmbare – Schaukel angebracht werden. Im Kinderzimmer reicht der Platz für eine Schaukel (die zum Hin- und Herschwingen viel Raum braucht) oft nicht aus.

In einem stabilen Türrahmen kann eine Reckstange angebracht werden; diese sollte ebenfalls abnehmbar sein, damit

das Zimmer auch von Erwachsenen ungehindert betreten werden kann.

Im Krabbelalter finden Kinder unterschiedliche Bodenbeläge interessant: Weicher Teppichboden, kühle Fliesen, rauhe Fußmatten, ein flauschiger Teppich – dem Erwachsenen fällt die unterschiedliche Bodenbeschaffenheit kaum mehr auf, aber für Kinder, die sich viel auf dem Boden bewegen und die ganze Wohnung im Kriechen und Krabbeln durchstreifen, bietet sie eine Fülle von Tasterlebnissen.

Auch im Wohnzimmer können Bewegungslandschaften entstehen – sofern die Eltern einer zeitweisen Umnutzung ihrer Sessel und Polster stattgeben. Zwar wird die Priorität der Raumnutzung im Wohnzimmer sicherlich nicht bei den Bewegungsbedürfnissen der Kinder liegen, aber wenigstens zu bestimmten Anlässen kann auch dieser Raum für Bewegungsspiele von Eltern und Kindern genutzt werden. Um Tisch und Sessel herum kann man Verstecken und – mit Kleinkindern – Nachlaufen spielen, unter den Tisch- und Stuhlbeinen hindurchkriechen, und mit abnehmbaren Polstern lassen sich Höhlen und Buden bauen. Solche Veränderungen der alltäglichen Nutzung des Wohnzimmers haben immer nur vorübergehenden Charakter, das Kinderzimmer dagegen kann von vornherein unter dem Aspekt der Bewegungsspielmöglichkeiten eingerichtet werden.

## Tobelandschaft im Kinderzimmer

Sofern die Kinder ein eigenes Zimmer haben, ist es meist so klein, daß es mit Schrank, Bett, Schreibtisch und Stuhl bereits ziemlich vollgestellt ist. Bei der Einrichtung des Kinderzimmers sollte daher bedacht werden, daß sperrige Möbelstücke wie zum Beispiel ein Schrank zu viel Platz wegnehmen. Offene Regale, die an der Wand befestigt werden, sind für die Aufbewahrung von Kleidungsstücken und Spielsachen weitaus platzsparender. Stühle (sofern sie überhaupt nötig sind) können durch Hocker ersetzt werden. Matratzenteile und

Schaumstoffelemente sind zwar zum Sitzen nicht so bequem wie Polstermöbel, sie sind jedoch im Spiel vielseitig verwendbar und können bei Bedarf übereinander gestapelt werden, so daß im Zimmer noch Freifläche bleibt. Vor allem darf das Kinderzimmer nicht durch eine Menge Spielzeug erdrückt werden. Nicht die Masse an Spielzeug regt das Kind zum Spielen an; manchmal ist es sogar sinnvoll, einen Teil der Spielsachen auf den Speicher oder in den Keller zu verbannen. Wenn sie dann nach einer Zeit wieder hervorgeholt und gegen andere Dinge ersetzt werden, erhalten sie wieder einen ganz neuen Spielwert.

Bei der Auswahl des Mobiliars sollte nicht das Jugendzimmerprogramm eines Möbelherstellers oder die ästhetische Vorstellung der Erwachsenen von einem geschmackvoll eingerichteten Kinderzimmer den Ausschlag geben, sondern die vielfältige Nutzbarkeit durch die Kinder beim Spiel.

Daher sollte die Einrichtung des Kinderzimmers möglichst sparsam und unter dem Aspekt der „Multifunktionalität" er-

folgen. Das heißt, daß die Einrichtungsgegenstände mehrere Funktionen erfüllen, also sowohl im Spiel zu benutzen sind, gleichzeitig aber auch noch anderen Zwecken dienen. Dazu zählen etwa Schaumstoff- oder kleinere Matratzenelemente, die zum Bauen von Höhlen, zum Springen und Rollen, aber auch als Sitz- oder Liegefläche (oder als Ersatzbett für Gäste) genutzt werden können.

Der Schreibtisch zum Schulbeginn ist zwar gut gemeint, aber meistens überflüssig, denn die Mehrzahl der Kinder macht die Hausaufgaben sowieso lieber am Eß- oder Küchentisch, im Beisein anderer Familienmitglieder. Der Platz für den Schreibtisch kann also zunächst noch eingespart werden, damit wird Raum für ein auf die momentanen Interessen der Kinder abgestimmtes Spielen geschaffen.

Stabile Haken (Karabinerhaken) an der Decke ermöglichen das Aufhängen einer Schaukel (zum Beispiel eine Tellerschaukel, die nur an einem Punkt befestigt werden muß und weniger Platz braucht), einer Hängematte oder eines Trape-

zes. Durch sie wird sogar das Anbringen von Klettertauen oder Kletternetzen einfach. All diese Gegenstände sollten aber auch wieder abgenommen werden können, so daß sie untereinander austauschbar oder ganz zu entfernen sind, falls der Platz für andere Aktivitäten gebraucht werden sollte.

Eine an der Wand befestigte Leiter (eventuell eine kleine Sprossenwand) schafft nicht nur Klettergelegenheiten, sondern ermöglicht auch das Anbringen einer Rutsche.

Folgende Bewegungsgelegenheiten können im Kinderzimmer entstehen:

– Springburg aus Polstern, Kissen und Schaumstoffelementen;

– Buden und Kuschelhöhlen aus aufrechtgestellten Polsterteilen, Bettlaken und Decken;

– ein Autoschlauch als Trampolin, aber auch als Sitzgelegenheit;

– schiefe Ebenen, schräge Kletterflächen durch mehrteilige Matratzen oder Schaumstoffteile;

– Rutschen, indem man ein gehobeltes Brett an das Bett oder an einen stabilen Sessel anlegt (Kinder kriechen hoch, ziehen sich auf dem Bauch liegend hoch etc.);

– Brücken und Stege zum Balancieren, indem ein Brett über zwei stabile Hocker oder über dicke Schaumstoffelemente gelegt wird.

Ein solches sparsam möbliertes Zimmer kann von den Kindern jederzeit selbständig nach Bedarf umgestaltet werden. In einem solchen Zimmer lassen sich sogar mit mehreren Kindern großräumigere Bewegungsspiele durchführen. Hier einige Beispiele für Spiele mit einfachen Regeln:

### Bewegungsspiele in der Wohnung

● **Inselüberflutung**
Jedes Kind erhält eine Zeitung, die es ausgebreitet auf den Boden legt. Die Zeitungen stellen Inseln dar, die bei Flut im Meer überspült werden. Ruft der Spielleiter (ein Erwachsener oder ein Kind) „Flut" müssen alle Kinder von ihren Inseln weg durch das Meer schwimmen; kommt die Ebbe, sollen sie schnell wieder eine Insel finden. Bei jedem Spieldurchgang taucht im Meer eine Insel weniger auf (eine Zeitung wird weggenommen), dementsprechend mehr Kinder müssen auf einer Zeitung Platz finden. Ob die Zeitungen so reduziert werden können, daß zum Schluß alle Mitspieler auf einer „Insel" Platz finden?

● **Geräusche finden**
Dieses Spiel kann man in Räumen mit wenig gefährlicher Einrichtung spielen, eventuell auch im Flur. Man benötigt dazu mehrere Mitspieler und Stirnbänder oder Tücher zum Verbinden der Augen.

Bis auf einen werden allen Mitspielern die Augen verbunden (bei jüngeren Kindern eventuell einfach ein Tuch über den Kopf legen). Praktisch ist auch ein Stirnband, das einfach über die Augen gezogen wird.

Ein sehender Spieler befindet sich so weit wie möglich von den anderen entfernt und gibt einen Laut von sich (pfeift oder summt). Alle anderen sollen ihn aufgrund dieser Geräusche zu finden versuchen. Wer ihn gefunden hat, bleibt bei ihm stehen, nimmt die Augenbinde ab und kann die Geräusche nun leise mitmachen.

● **Höllenmaschine**

Irgendwo im Raum ist eine Höllenmaschine, die nur an ihrem leisen Ticken zu erkennen ist (laut tickender Wecker oder Eieruhr) so versteckt, daß man sie nicht sehen kann (zum Beispiel in einer Schublade oder unter einem Schrank). Die Kinder suchen die Uhr, ohne die Schublade aufzureißen oder die Polster auseinanderzunehmen. Sie sollen die Höllenmaschine allein dadurch finden, daß sie ihrem Geräusch nachzugehen versuchen.

Die Eieruhr ist auf eine bestimmte Zeit eingestellt (ca. fünf Minuten), wenn die Kinder sie in dieser Zeit nicht finden, hat die Höllenmaschine gewonnen.

● **Blinde Kuh**

Einem Mitspieler werden die Augen verbunden. Die übrigen verteilen sich im Raum. Die „blinde Kuh" soll nun einen der sehenden Mitspieler mit der Hand zu berühren versuchen. Gelingt ihr dies, wird der Abgeschlagene in der nächsten Spielrunde zur blinden Kuh.

Alle müssen bei diesem Spiel ganz leise sein, der Raum darf nicht zu groß sein.

Wenn es für die blinde Kuh zu schwierig ist, kann eine Zusatzregel eingeführt werden: Die sehenden haben nur zehn Schritte, um sich zu bewegen. Wenn sie diese Schritte schon verbraucht haben, müssen sie auf der Stelle stehen bleiben.

- **Kochlöffelhockey** (im Flur, im Wohnzimmer oder auch draußen auf einer ebenen Hoffläche zu spielen).

  Mit Kochlöffeln werden Murmeln oder Flummis über den Boden gerollt. Auf dem Boden kann mit Klebeband eine Fläche abgeteilt werden, die den Raum in zwei Hälften teilt. Jeder Mitspieler soll versuchen, die Murmeln aus seinem Feld herauszubefördern.

  Eine Zeitung oder ein auf die Seite gedrehter Karton kann zu einem Tor werden, in das die Murmeln befördert werden sollen.

- **Fliegenpatschenfederball**

  Jeder Mitspieler hat eine Fliegenpatsche, mit der er einen Luftballon hochspielt (allein oder sich zu zweit gegenüber stehend).

  Durch die Mitte des Raumes wird eine Schnur gespannt (etwa in Kopfhöhe eines Erwachsenen). Auf jeder Seite der Schnur stehen gleich viele Spieler; sie schlagen sich den Ballon mit ihren Fliegenpatschen über die Schnur zu.

# 6. Pfützen schützen

*Eine Wasserpfütze – lehmig, schlammig, erdig – zwei Kinder in Gummistiefeln, die sich langsam zu dem matschigen Inneren vortasten. Erst stecken sie vorsichtig die Stiefelspitze ins Wasser, schon steht das größere von beiden mit dem Fuß in der Brühe, das kleinere patscht nach. Jeder Zentimeter gibt Mut für den nächsten kleinen Schritt. Plötzlich spritzt das braune Wasser nach allen Seiten. Aus dem zurückhaltenden Ertasten ist ein wildes Planschen geworden. Nicht nur die Stiefel sind vom Schlamm bespritzt. Voll Vergnügen waten die Kinder in dem knöcheltiefen Matsch. Sie springen über die Pfütze, aber nicht an ihrer schmalsten Stelle, sondern dort, wo sie am breitesten ist, wo das Risiko, in der Pfütze zu landen, am größten ist.*

*Nun sind die Hände an der Reihe – sie graben sich in das Gemisch aus Erde und Wasser und befördern kleine Steine heraus ...*

*Ein für Erwachsene kaum nachvollziehbares Vergnügen, aber zum Glück ist niemand in der Nähe, der dem lustvollen Spiel der Kinder Einhalt gebietet. Wenn das die Mutter sähe!! Was wird sie sagen, wenn sie ihre beiden schlammbespritzten Kinder sieht?*

Das Spielen im Matsch, in nassem Sand, mit Wasser und Lehm bereitet Kindern ein sinnliches Vergnügen. Ihr Tastsinn wird angesprochen, ihre Phantasie angeregt. Die Pfütze bietet viel Geheimnisvolles – sieht man doch kaum von außen, wie tief sie ist und ob man noch in ihr stehen kann. Vielleicht ist sie in der Mitte so tief, daß man darin versinkt? Und welche Schätze mögen in ihr verborgen sein? Vielleicht hat jemand ein Geldstück mitten in der Pfütze verloren?

## Matschen hält gesund

Manche Kinder, die in den ersten Lebensjahren keine Gelegenheit hatten, im Matsch zu spielen, mit Sand und Wasser zu matschen, entwickeln später eine Abwehrhaltung gegenüber taktilen Reizen.

*So Tanja: Mit spitzen Fingern faßte sie die Förmchen im Sand an. Iiiih – nur ja nicht schmutzig machen – konnte man in ihrem Gesicht lesen. Während die anderen Kinder um sie herum im Sand wühlten, sich eingraben ließen, hantierte Tanja vorwiegend mit der Schaufel und vermied, den Sand direkt anzufassen.*

*Den Eltern war's angenehm, mußten sie Tanja doch nie ermahnen, auf ihr schönes Kleid aufzupassen. Aber dann wurden die Reaktionen von Tanja doch seltsam: Sie aß die Pommes frites nicht – wie andere Kinder – mit den Fingern, sondern verlangte eine Gabel. Malen mit Fingerfarben lehnte sie ab. Beim Waschen mochte sie die Seife nicht anfassen, kam ein Tropfen Wasser auf ihre Haut, zuckte sie zuammen, und selbst die Umarmungen ihrer Eltern ließ sie nur widerwillig zu.*

*Der Kinderarzt verordnete ihr eine spezielle Therapie, in der Tanja lernen sollte, mit sensorischen Reizen umzugehen. Nun schmierte sie sich – mit spitzen Fingern – Niveacreme auf die Haut, wurde von Kopf bis Fuß mit Rasierschaum eingesprüht, im Behandlungsraum der Therapeutin stand eine Plastikwanne, die mit Sand und Wasser gefüllt war...*

Die Pfütze auf der Straße, der Matsch im Sandkasten – sie ermöglichen Kindern das sinnliche Erfahren ihrer Umwelt. Aber wo gibt es in einer Welt von Asphalt und Beton noch Pfützen? Sie sind nur noch dort zu finden, wo es ein Loch in der Perfektion der Asphaltschicht, eine Unebenheit in der begradigten Straßenlandschaft gibt.

Pfützen schützen Kinder vor einer allzu technisierten, perfekten Welt, sie schützen vor der Sterilität von Plastikspielzeug und Modellbauten.

Pfützen schützen und müssen geschützt werden!

Sie sind ein Symbol für eine kind- und bewegungsgerechte Umwelt, ein Plädoyer für die Rückeroberung freier Spiel- und Bewegungsflächen, die von Kindern selbst erkundet und gedeutet werden können.

## Draußen spielen

Der Computer steht drinnen, das Fernsehgerät auch, puzzlen kann man am besten am Tisch und bauen auf dem Teppich. Und überhaupt – drinnen ist es so schön kuschelig warm, und schmutzig macht man sich auch nicht.

Auch die Eltern finden es bequemer: Wenn die Kinder drinnen spielen, sind sie leichter unter Kontrolle zu halten, von Risiken fern zu halten, vor Gefahren zu schützen.

Lauter Gründe, das Haus nicht zu verlassen und das Spielen in die Wohnung zu verlegen?

Pädagogen und Soziologen sprechen von der „verhäuslichten Kindheit". Kinder tendieren immer mehr dazu, ihre Spielaktivitäten nach drinnen zu verlagern. Der Autoverkehr verdrängt die Kinder von der Straße. Eindeutig nimmt auch mit zunehmendem Fernsehkonsum das Draußenspielen bei den Kindern ab.

Früher war „Stubenarrest" eine der härtesten Strafen für ein Fehlverhalten des Kindes. Heute wird es wohl kaum mehr ein Kind als Bestrafung empfinden, wenn die Eltern ihm das „Drinnen bleiben müssen" androhen.

Gleichzeitig mit der Verlagerung des Spielens in die Wohnungen nahm die Anzahl der Spielpartner ab. Kinder verabreden sich heute vorwiegend mit nur einem anderen Kind. Schon wenn drei Kinder zusammenspielen wollen (sollen), gibt es Streit und Tränen. Das Abstimmen verschiedener Wünsche und das Einnehmen unterschiedlicher Spielrollen wird zum Problem, wenn Kinder nicht mehr lernen, sich im Spiel mit mehreren auseinanderzusetzen. So gehen die wichtigsten Grundlagen für das soziale Miteinander verloren.

Kinder spielten früher vor allem auf der Straße. Hier fanden sie immer auch andere Kinder, die mitspielten. Sie organisierten mit wenig Mitteln vielfältige Spiele (Fangen, Verstecken, Ballspiele, Steinwurfspiele etc.), bei denen auch jüngere Kinder einfach mitmachen konnten. So wuchsen sie ganz selbstverständlich in das Spielen hinein, übernahmen Spielrollen, lernten Spielregeln und setzten ihrerseits die Spieltradition fort, wenn sie zu den Älteren gehörten.

Auch die Erwachsenen nahmen am Straßenleben teil, indem sie draußen Arbeiten verrichteten oder auf einer Bank vor dem Haus saßen, dem Spiel der Kinder zuschauten und sich mit anderen unterhielten.

Die Straße hat heute ihre Bedeutung als Lebensraum verloren. Sie ist vor allem Verkehrsraum für Fahrzeuge. Spielende Kinder und plaudernde oder arbeitende Erwachsene wurden von der Straße verdrängt. Als Ersatz für den verlorengegangenen Spielraum, aber auch für natürliche Spielgelegenheiten in der Wohnumwelt, baut man heute Spielplätze, die aber meist entfernt von den Wohnungen der Kinder liegen. Hier stehen oft eintönige, wenig auffordernde Spielgeräte, die vor allem für ältere Kinder kaum mehr einen Reiz ausüben.

Eine Alternative hierzu bilden die Abenteuerspielplätze oder die sogenannten Bauspielplätze. Die Idee der Bauspielplätze entstand in Kopenhagen. Auf „Gerümpelspielplätzen" konnten die Kinder aus Brettern, Kisten und anderem altem, ausrangiertem Material mit Werkzeug selber bauen und spielen.

In den letzten Jahren sind vor allem in Wohngebieten wieder verkehrsberuhigte Zonen, Sackgassen und Spielstraßen eingerichtet worden. Anstatt große Spielplätze an zentralen Orten einzurichten, sollten vermehrt solche Möglichkeiten des Spielens „vor der Hautür" geschaffen werden. Hier können kleinere Spielflächen entstehen, die Treffpunkt für jüngere und ältere Kinder sind. Jüngere Kinder können in Sichtweite des Elternhauses spielen, und vielleicht ergeben sich hier auch wieder Situationen, in denen Erwachsene mit Kindern gemeinsam spielen.

Eltern sollten sich dafür einsetzen, daß vermehrt solche in das Wohngebiet integrierte Spielflächen entstehen. In kleineren Initiativgruppen kann man bei der Stadt oder der Gemeinde einen Vorstoß unternehmen, um verkehrsberuhigte Zonen zu schaffen oder Spielstraßen einzurichten. Nachbarschaftsinitiativen helfen dabei, Straßen abzusperren, Bäume zu pflanzen, Bänke aufzustellen. So entstehen wieder Treffpunkte für Kinder, aber auch für Erwachsene. Nur – die Erwachsenen müssen dies auch wirklich wollen und nicht im Geheimen doch dem schnellen Autoverkehr den Vorrang vor den manchmal eben auch lärmenden, lachenden, spielenden Kindern geben.

Die folgenden Spielideen sind vor allem im Freien zu realisieren. Man braucht hierfür keine komplizierten Geräte, aber meistens ein paar Mitspieler und manchmal auch Erwachsene, die den Kindern Tips für Spiele geben oder anfangs vielleicht auch selbst einmal mitspielen.

## Straßenspiele – neu entdecken

Es gibt Spiele, die sich über Generationen hinweg gehalten haben: Verstecken und Fangen, Fingerspiele, Ballspiele, Seilspringen. Sie wurden früher von älteren Kindern an jüngere weitergegeben. Allerdings braucht man, um sie zu spielen, meistens mehrere Kinder. Fangenspielen kann man eben nur, wenn mindestens zwei Läufer und ein Fänger da sind. Zu zweit Verstecken zu spielen ist ebenso schlecht möglich wie zu zweit Fangspiele machen zu wollen.

Deswegen sind die traditionellen Kinderspiele in Gefahr, in Vergessenheit zu geraten. Ersetzt werden sie durch Computerspiele, bei denen weder Spielpartner notwendig sind noch Anstrengung oder ein Erproben der eigenen Kräfte gefragt ist.

Eltern tun also gut daran, die alten Spiele am Leben zu erhalten, etwa bei Klassenausflügen, Wanderungen, oder beim Spielen auf der Straße vor dem Haus dazu anzuregen, oder aber zum Beispiel bei einem Kindergeburtstag die Chance zu nutzen, daß mehrere Kinder zusammen sind und miteinander spielen wollen (vgl. auch Kap. 8).

Im folgenden wird eine Auswahl alter Bewegungsspiele vorgestellt, die es wert sind, wiederentdeckt beziehungsweise erhalten zu werden.

## Spiele mit Murmeln und Steinchen

Murmeln, aber auch Steinchen und Kastanien waren schon seit jeher beliebte Spielgegenstände von Kindern, da man mit ihnen fast überall spielen konnte, nicht viel Platz brauchte und das Spiel sowohl mit zwei als auch mit mehreren Kindern möglich war. Heute hat „Spielzeug" ihren Platz eingenommen: käuflich erwerbbare, bunte Geräte, meist aus Plastik, so daß ein Stein oder ein Kastanie von den Kindern vielleicht gerade noch als Sammelobjekt, kaum aber als Spielgegenstand betrachtet wird. Lediglich Murmeln sind als schöne bunte Glas- oder Tonkugeln wieder neu in Mode gekommen.

Das Spiel mit Murmeln, Kieselsteinen oder Kastanien muß Kindern daher meist erst wieder schmackhaft gemacht werden. Selbst entdecken werden sie es selten, da ihre Phantasie durch das Fertigspielzeug oft schon sehr eingeschränkt ist.

Gerne nehmen sie jedoch Spielideen auf, und oft reicht schon der Impuls eines anderen (auch eines Erwachsenen), um auf neue Spielvariationen zu kommen.

## Murmelspiele

Am besten rollen Murmeln auf nicht befestigten Böden. Hier kann man Kuhlen mit dem Fußabsatz in die Erde drehen, in die die Murmeln hineinrollen. Man kann Striche als Abwurflinie oder Begrenzung ziehen, und die Murmeln stoßen beim Rollen auf „natürliche Hindernisse" (Steinchen oder ähnliches). Auch auf Asphalt, Beton oder Plattenbelag kann man die folgenden Spiele spielen. Allerdings rollen die Murmeln hier sehr schnell, und ihr Weg ist weniger gut zu steuern.

- **Murmeln treffen**

Auf den Boden wird eine Linie gezeichnet. Von dort aus rollt der erste Mitspieler seine Murmel einige Meter weit. Der zweite Spieler hat nun die Aufgabe, mit seiner Murmel die erste zu treffen. Wenn er die Kugel trifft, gehört sie ihm. Trifft er sie nicht, darf der andere versuchen, mit seiner Murmel die seines Mitspielers abzutreffen.

Das gleiche Spiel kann man auch mit mehreren Mitspielern spielen. Dabei wird die Reihenfolge ausgelost. Trifft der zweite Spieler die erste Murmel nicht, bleibt diese liegen. Der nächste Spieler hat nun beide zum Abtreffen zur Auswahl. Trifft er eine von beiden, gehört sie ihm, zusätzlich hat er noch einen weiteren Versuch, um die zweite Kugel zu treffen. Gelingt ihm dies nicht, hat er allerdings auch die erste wieder verloren. Der nächste Spieler hat nun drei Chancen. Sind alle Murmeln abgetroffen, beginnt ein neues Spiel.

- **Kuhle treffen**

In den Boden wird eine kleine Kuhle gedrückt (oder auf Asphalt ein kleiner Kreis gezeichnet). Ungefähr zwei bis drei Meter vor der Kuhle wird eine Abwurflinie auf die Erde gezeichnet. Die Reihenfolge der Spieler kann gelost oder ausgezählt werden. Jeder versucht der Reihe nach, eine Murmel in die Kuhle zu rollen (oder in den Kreis zu treffen). Derjenige, dem dies zuerst gelungen ist, darf als erster versuchen, die anderen Murmeln durch Anschnipsen mit dem Zeigefinger in die Kuhle zu bringen. Rollt die Murmel vorbei, kommt der nächste Spieler dran (derjenige, der als nächster in die Kuhle getroffen hat oder dessen Murmel ihr am nächsten lag). Gewonnen hat derjenige, der die letzte Murmel in die Kuhle rollt. Er bekommt den ganzen Inhalt, oder – falls diese Belohnung zu groß erscheint – eine der Glasmurmeln aus dem Schatz, der zu Beginn des Spieles gebildet wurde (alle geben eine Murmel als Einsatz in den sogenannten „Schatz").

## Steinchenspiele

Am Strand sammeln Kinder oft schön geformte Steine. Auch Kieselsteine oder Flußsteine unterscheiden sich alle in ihrer Form und Farbe. Sie sind nicht nur schöne Sammelobjekte, sondern man kann sie auch als Spielsteine benutzen.

Schon das Suchen der Steine ist ein Spiel: Welche fliegen flach und weit, welche eignen sich zum Balancieren auf Körperteilen, welche lassen sich gut mit den Füßen über den Boden stoßen?

● **Steine balancieren**

Auf welchen Körperteilen kann man die Steine tragen, ohne daß sie herunterfallen?

Einen Stein auf dem Handrücken tragen, ihn abwerfen und mit der anderen Hand aufzufangen versuchen.

● **Steinchenzielwurf**

Auf den Boden wird eine Zielscheibe mit drei konzentrischen Kreisen gezeichnet. Von einer Abwurflinie (circa drei bis vier Meter entfernt) versuchen alle Mitspieler, in das Kreisinnere zu treffen. Für jeden Wurf gibt es unterschiedliche Punkte: mittlerer Kreis = 3 Punkte, zweiter Kreis = 2 Punkte, äußerer Kreis = 1 Punkt, außerhalb der Kreise = 0 Punkte.

● **Haifischbeute**

Für dieses Spiel braucht man 15 bis 20 kleine Steine und einen etwas größeren. Auf den Boden wird mit Kreide ein Kreis gemalt (mit einem Durchmesser von ca. 30 cm). In die Mitte wird der größere Stein – der Haifisch – gelegt, um den Kreis herum liegen die kleinen Steine, die Fische.

Der erste Spieler versucht, mit den Fingern den größeren Stein so anzuschnipsen, daß er auf die kleineren trifft . Jeden Fisch, der so von dem Haifisch berührt wird, legt er als Beute in den Kreis. Die Beute eines jeden Mitspielers wird abschließend gezählt.

**Ballspiele**

Das Spiel mit einem Ball fasziniert jedes Kind. Bereits Kleinkinder spielen begeistert mit Bällen, dabei gilt als Faustregel: je
kleiner die Kinder, um so größer sollten die Bälle sein. Kleine
Hände brauchen große Bälle, damit sie diese gut greifen und
festhalten können. Ebenso sollten die Bälle für jüngere Kinder
leicht und langsam sein, damit sie sie gut verfolgen können.

Spielen mit dem Ball muß nicht gleich zum Fußball- oder
Handballspiel werden. Zunächst einmal sollten allgemeine
Fähigkeiten des Umgangs mit dem Ball geübt und erprobt
werden.

Zum Werfen und Fangen, Rollen und Prellen braucht man
keine besondere Umgebung. Es ist auf asphaltierten Flächen
genauso gut möglich wie auf einer Wiese oder einer Sand-
fläche, auf Hinterhöfen ebenso wie im Hausflur. Nur auf dem
Bürgersteig muß man beachten, daß ein Ball leicht auf die
Straße rollen kann.

● **Ballprobe (auch „Zehnerprobe")**

Die Ballprobe ist ein Geschicklichkeitsspiel, bei dem viele
Fähigkeiten im Umgang mit dem Ball geübt werden. Dabei
wird der ganze Körper eingesetzt, der Ball wird mit unterschiedlichen Körperteilen gegen die Wand geschlagen, geworfen oder geprellt und entsprechend dem Schwierigkeitsgrad wieder in unterschiedlicher Form aufgefangen
oder gleich wieder zurückgeprellt.

Die Ballprobe kann allein oder mit mehreren Mitspielern
gespielt werden. Bei der „Zehnerprobe" wird der Ball in jeder der unten beschriebenen Formen zehn Mal an die
Wand geworfen.

– Den Ball mit der rechten Hand gegen die Wand werfen
und ihn mit beiden Händen auffangen (das gleiche auch
mit der linken Hand);

– den Ball mit rechts gegen die Wand werfen und mit
rechts wieder auffangen (das gleiche mit links);

– mit beiden Händen werfen und mit beiden Händen auffangen, dazwischen in die Hände klatschen;

– mit der rechten Hand werfen, sich um die eigene Achse drehen und den Ball wieder auffangen;
– den Ball unter dem rechten Bein hindurch an die Wand werfen und mit links auffangen (das gleiche seitenverkehrt);
– den Ball mit der rechten Hand hinter dem Rücken über die Schulter an die Wand werfen und mit beiden Händen wieder auffangen (dasselbe über die andere Seite).

Eine schwierigere Variante (für ältere Kinder):
Der Ball wird wie oben beschrieben an die Wand geprellt, dann aber nicht mehr aufgefangen, sondern sofort zurückgeschlagen:
– mit der rechten Hand (Faust) schlagen (auch links);
– mit dem Handrücken;
– mit dem Unterarm;
– mit beiden Unterarmen zugleich;
– mit dem Knie;
– mit dem Kopf.
Natürlich können all diese Geschicklichkeitsübungen mit dem Ball von den Kindern beliebig abgeändert werden, und sicherlich erfinden sie selbst noch viele neue Kunststücke hinzu.

● **Eins, zwei, drei – wer hat den Ball?**
Ein Spieler hat den Ball und steht ungefähr drei bis vier Meter entfernt mit dem Rücken zu den anderen Mitspielern. Er wirft den Ball rückwärts den anderen zu, darf sich aber nicht umsehen. Ein Mitspieler fängt den Ball und darf ihn auch an einen anderen weitergeben. Die in der Reihe stehenden rufen nun gemeinsam: „Eins, zwei, drei – wer hat den Ball". Dabei nehmen alle die Hände auf den Rücken. Der Ballwerfer dreht sich um und muß raten, wer den Ball hinter dem Rücken versteckt hat. Findet er den richtigen, darf er den Ball noch einmal werfen, rät er falsch, tauscht er den Platz mit demjenigen, der den Ball hinter dem Rücken hatte.

## ● Torball

Die Spieler stellen sich mit gegrätschten Beinen im Kreis auf. Einer geht mit dem Ball in die Mitte und versucht, ihn durch die Tore (die Beine der Mitspieler) aus dem Kreis zu rollen. Diese wehren den Ball mit den Händen ab, ohne dabei die Grätschstellung zu verlassen. Gelingt es dem Kreisspieler, den Ball herauszukriegen, tauscht er den Platz mit demjenigen, durch dessen Beine der Ball rollte.

## ● Abtreffen

Gespielt wird mit einem Schaumstoffball, der beim Abtreffen nicht so weh tut wie ein Plastik- oder Gummiball. Ein Spieler hat den Ball. Er prellt ihn fest auf den Boden und ruft dabei den Namen eines Mitspielers. Alle bis auf den Aufgerufenen laufen schnell weg (Spielfeld begrenzen), der Aufgerufene muß den Ball fangen. Hat er ihn, ruft er „Stop". In diesem Augenblick müssen alle stehenbleiben. Der Ballfänger versucht nun, einen seiner Mitspieler mit dem Ball abzutreffen. Gelingt es ihm, wird der Abgetroffene zum neuen Ballwerfer. Gelingt es ihm nicht, muß er selbst den Ball hochwerfen (Dies hört sich an wie eine Strafe, aber alle Kinder wollen diese Rolle sogar gerne übernehmen; manchmal lassen sie den Ball deswegen sogar absichtlich sein Ziel verfehlen. In einem solchen Fall kann man unter Umständen auch Fehlerpunkte verteilen).

## ● Ballschleuder

Jeweils zwei Kinder haben ein Handtuch und einen Ball. Sie versuchen, durch Lockerlassen und Straffziehen des Handtuches den Ball hochzuwefen und ihn auch wieder mit dem Tuch aufzufangen.

Mit mehreren Kindern kann aus dieser Spielidee ein kleines Mannschaftsspiel werden:

Jeweils zwei Kinder stehen sich mit einem Handtuch gegenüber. Ein Paar hat den Ball und wirft ihn in das Tuch des gegenüberstehenden Paares. Wie weit können die beiden Paare den Abstand vergrößern, ohne den Ball zu verlieren?

Anstelle des Handtuchs kann auch ein Bettlaken verwendet werden.

● **Schleuderball**
(Ein Spiel, für das man viel Platz braucht)
Ein kleiner Ball (Tennisball) wird in ein Tuch oder in einen alten Kniestrumpf gesteckt und mit einem Knoten festgehalten. So entsteht ein Schleuderball; man kann ihn am langen Ende fassen, ihn mehrfach mit ausgestrecktem Arm kreisen lassen und dann mit Schwung abwerfen.
Mit dem Schleuderball kann man Weitwerfen oder auch Zielwerfen veranstalten oder versuchen, einem Partner den Ball zuzuwerfen.

## Hüpfspiele

Hüpf-, Hopse-, Hinkespiele zählen zu den ältesten Bewegungsspielen der Kinder. Sie kommen völlig ohne Material aus. Man braucht nur ein Stück Kreide, um auf den Boden Kästchen oder anderes zu zeichnen, oder einen Stock, um Linien in den Sand oder auf die Erde zu malen.

Hüpfspiele kann man überall spielen – auf dem Schulhof genauso wie auf dem Bürgersteig und sogar in einem Hauseingang oder größeren Flur (hier können auch mit Klebeband Hüpfkästchen aufgeklebt werden).

● **Himmel und Hölle**
In jedes Kästchen wird einbeinig gehüpft (die Linien dürfen nicht betreten werden). Im Himmel darf man auf zwei Füßen ausruhen, die Hölle aber muß übersprungen werden. Zurück geht es auf dem gleichen Weg.

● **Wochentagehüpfen**
In der Reihenfolge der Wochentage wird in alle Felder gehüpft. Der Freitag ist ein Freifeld, am Sonntag darf ausgeruht werden und in den Mittwoch muß man mit gekreuzten Beinen springen.

- **Steinchenhüpfen**

Auf den Boden werden zehn Kästchen gezeichnet (so groß, daß man mit einem Fuß hineintreten kann).

Von einem Kästchen zum anderen soll nun auf einem Fuß gehüpft werden, dabei wird ein Steinchen in das jeweils nächste Kästchen geschoben (erst das Steinchen wegschieben, dann hinterherhüpfen).

Beim letzten Kästchen im Sprung umdrehen und auf dem anderen Bein wieder zurückhüpfen.

Veränderung:

Das Steinchen wird beim Hüpfen nicht mit dem Fuß befördert, sondern auf verschiedenen Körperteilen getragen (Handrücken, freier Fuß, Unterarm).

## Seilspringen

Das Seilspringen war früher eines der selbstverständlichsten Spiele der Kinder auf der Straße, auf dem Schulhof oder auf Hinterhöfen. Heute ist es in Gefahr, in Vergessenheit zu geraten oder nur noch im Sportunterricht geübt zu werden.

Man kann allein oder auch in beliebig großen Gruppen springen. Allerdings bedarf es einiger Geschicklichkeit, das Schwingen und Kreisen des Seils mit dem Springen zu verbinden. Außerdem erfordert es eine hohe Ausdauer, eine Zeitlang ohne Unterbrechung zu springen.

Sportlehrer beklagen sich heute vielfach, daß Kinder kaum mehr Erfahrungen mit dem Seilspringen gemacht haben und im Sportunterricht oft zum erstenmal ein Seil in der Hand halten. Vor allem Jungen scheinen wenig Gelegenheit dazu gehabt zu haben, und da sie ihre Defizite kennen, lehnen sie das Seilspringen zunächst auch einmal als „doof" ab. Dabei fördert das Seilspringen in hohem Maße die Koordination und auch die Kondition und ist damit sowohl eine gute Vorbereitung für das Sporttreiben als auch – aufgrund seiner vielen Spielvariationen – eine interessantes und bewegungsreiches Spiel für den Schulhof und die Straße.

● **Hindurchlaufen**

Zwei Kinder (oder ein Kind und ein Erwachsener) stehen sich gegenüber und halten jeweils ein Ende eines großen Schwungseils. Sie lassen das Seil hin- und herpendeln. Alle anderen Mitspieler stehen auf einer Seite des Seils und laufen schnell auf die andere Seite, wenn das Seil zu ihnen schwingt.

● **Durch das schwingende Seil laufen**

Die beiden Schwingenden lassen das Seil kreisen. Die Außenstehenden versuchen, den richtigen Zeitpunkt herauszufinden, an dem sie unter dem Seil hindurch auf die andere Seite laufen können.

● **Seilspringen**

Im schwingenden Seil springen (einzeln), dabei beim Springen verschiedene Figuren ausführen: zum Beispiel sich drehen, auf einem Bein springen, in die Hocke gehen etc.

Wenn nur wenige Kinder am Spiel beteiligt sind, kann ein Seilende an einem Tischbein oder an einer Zaunlatte festgebunden werden. So kann man auch mit nur zwei Kindern am Schwungseil springen.

● **Kreisspringen**

Ein Schuh oder ein nicht zu schwerer Gegenstand (zum Beispiel ein Schleuderball, S. 101) werden ans Ende eines Seils geknotet. Ein Mitspieler (Erwachsener oder Kind) nimmt das andere Ende in die Hände und läßt es um sich herum kreisen. Entweder dreht er sich mit oder er gibt das Seil beim Kreisen jeweils von einer Hand in die andere. Die anderen Mitspieler stehen um ihn herum im Kreis und springen hoch, wenn das Seil zu ihnen kommt.

Für jüngere Kinder sollte das Seil möglichst langsam und flach über den Boden geschwungen werden, bei älteren kann das Tempo und die Höhe des Seils nach und nach gesteigert werden.

## Gummitwist

Ein langes Gummiband und drei Mitspieler – mehr braucht man nicht für ein Spiel, das vor allem bei Mädchen lange Jahre beliebt war und auf allen Schulhöfen und Plätzen gespielt wurde.

Das Gummiband (ca. vier Meter lang) wird an den Enden zusammengeknotet. Zwei Mitspieler stehen sich in ca. zwei Meter Entfernung gegenüber und halten das Seil mit ihren Beinen in Spannung. Zuerst wird es in Höhe der Knöchel gehalten, später – mit zunehmendem Schwierigkeitsgrad – wird es höher geschoben. Ein dritter Mitspieler steht neben dem Band und springt in verschiedenen Variationen darüber beziehungsweise hinein. Dabei kann er jeweils ein Band zwischen seine gegrätschten Beine nehmen, mit beiden Füßen jeweils auf ein Seil treten, beim Springen eine halbe Drehung um die eigene Achse machen, mit beiden Füßen gleichzeitig über ein Seil springen oder auch ganz andere Sprungformen erfinden.

Besonders schwierig wird es, wenn die beiden Seilhalter nicht einfach stehen bleiben, sondern im Wechsel in die Grätsche und in die Schlußstellung springen.

### Lauf- und Fangspiele

● **Blinder Fänger** (für sechs bis zehn Spielende)

Hierbei handelt es sich um ein sehr leises Spiel, bei dem alle ganz ruhig sein müssen. Alle Mitspieler stehen im Kreis, jeder erhält der Reihe nach eine Nummer. Ein Mitspieler befindet sich in der Kreismitte und hat die Augen geschlossen. Er ruft nun zwei Nummern auf, die jeweiligen Spieler müssen ihre Plätze tauschen und dabei durch den Kreis laufen. Der blinde Fänger versucht, bei diesem Wechsel einen der beiden Läufer zu berühren. (Die Außenstehenden müssen ganz leise sein, damit der Wächter herausfinden kann, wo die Platzwechsler sich befinden.)

Ist der blinde Fänger erfolgreich, tauscht er die Rolle mit demjenigen, den er berührt hat und übernimmt auch dessen Nummer.

● **Farben suchen**
Ein Mitspieler ist der Fänger. Bevor er losläuft, um die anderen zu fangen, ruft er eine bestimmte Farbe. Alle müssen nun schnell versuchen, etwas zu finden, das diese
Farbe trägt, denn dann dürfen sie nicht abgeschlagen werden. Fängt der Fänger einen der Mitspieler, dann werden
die Rollen getauscht. Fängt er niemanden, darf er eine
neue Farbe ausrufen. Die Farben werden immer kompli-
zierter (rosa, türkis etc.).

● **Wer hat den Stein?**
Alle Mitspielenden stellen sich in eine Reihe. Sie halten
die Hände so vor sich, daß diese eine halbrunde Kuhle ergeben. Einer hat eine Kastanie oder einen Stein. Er geht
von einem Spieler zum anderen und tut so, als ließe er den
Gegenstand in dessen Hände fallen. Derjenige, bei dem er
ihn wirklich fallen läßt, läuft schnell zu einem vorher vereinbarten Ziel (Baum oder Bank o.ä.). Alle anderen versuchen, ihn einzuholen. Um seine Mitspieler zu verwirren,
braucht er nicht gleich loszulaufen, wenn er den Stein oder
die Kastanie erhalten hat. Während der Steingeber die
Reihe weitergeht, kann er noch ein bißchen abwarten und
erst dann loslaufen, wenn die Aufmerksamkeit schon wieder auf jemand anderen gerichtet ist. Wer den Läufer erreicht, darf beim nächsten Spieldurchgang den Stein aus-
teilen.

● **„Suppe rühren"**
Zwei gleichgroße Gruppen werden gebildet und stellen
sich in ungefähr zehn Metern Entfernung voneinander auf.
Eine Gruppe beginnt, eine handwerkliche Tätigkeit panto-
mimisch darzustellen (zum Beispiel Gameboy spielen,
Suppe rühren, Nagel einschlagen etc.). Glaubt die andere
Gruppe herausgefunden zu haben, um welche Tätigkeit es
sich handelt, ruft sie laut die Bezeichnung herüber. Ist die
Antwort falsch, schreien alle „nein". Ist sie richtig, rufen
sie „ja", drehen sich blitzschnell um und laufen so schnell

wie möglich zu einem durch einen Strich oder eine Linie angegebenen Ziel. Die Rate-Gruppe versucht, sie dabei einzuholen und abzuschlagen. Wer gefangen wurde, gehört zu der anderen Mannschaft.

Bei der nächsten Spielrunde werden die Rollen getauscht. Die Ratenden dürfen jetzt einen Begriff darstellen.

## Bewegungslandschaft selbst gestalten

Bei den oben beschriebenen Regelspielen handelt es sich um typische „Draußenspiele". Sie erfordern die Regeleinhaltung der Mitspielenden, kommen aber mit sehr wenig Material aus. Kinder werden aber auch durch attraktive Spielgeräte zum Draußenspielen animiert. Attraktiv heißt dabei nicht gleichzeitig teuer und aufwendig. Oft sind es gerade die scheinbar wertlosen Sachen, die Kinder besonders interessieren und ihre Phantasie anregen (vgl. auch Kap. 7).

Im folgenden soll ein Beispiel für eine fast kostenlose „Bewegungslandschaft" gegeben werden, die Kinder sich auf einer Rasenfläche, einem Hinterhof oder einem Wiesenstück selbst aufbauen können.

Bei der Beschaffung und Vorbereitung der Materialien ist zwar die Mithilfe der Eltern erforderlich, dann aber benötigen die Kinder keinerlei „Einmischungen" mehr, das Spiel „läuft" wie von selbst.

Benötigt werden folgende Materialien:
Autoreifen in verschiedenen Größen,
Schläuche von PKW-, LKW- und Treckerreifen,
Bretter und Balken.
Diese „Grundausstattung" kann noch ergänzt werden durch:
    Getränkekisten;
    Kunststoffrohre;
    Pappkartons.
Bei diesen Materialien handelt es sich selbstverständlich um ausrangierte, für den ursprünglichen Zweck nicht mehr

brauchbare Dinge, die so eine neue Form des „Recyclings" erfahren.

- **Autoreifen und Autoschläuche**
  Sie sind kostenlos erhältlich bei Auto- und Reifenfirmen (Treckerreifenschläuche eventuell im Landmaschinenhandel). Da die meisten Reifen heute schlauchlos sind, kann es sein, daß man bei mehreren Reifenhandlungen nachfragen muß.
  Die Schläuche werden aufgepumpt (zum Beispiel an einer Tankstelle), das lange Ventil wird abgeschraubt und durch ein kurzes ersetzt (ebenfalls im Reifenhandel erhältlich). Manchmal lassen sich die Ventilkappen auch einfach wieder auf das kurze Gewinde aufschrauben. Steht das Ventil dann noch zu sehr hervor, kann es mit einem dicken Klebestreifen abgedeckt werden (Klebeband mehrfach um den Reifen herumrollen).
  Reifen und Schläuche müssen vor dem Gebrauch als Spielgeräte gut mit Wasser und Seife abgewaschen werden (am besten mit einer Bürste schrubben).
  Um das langweilige Äußere der Reifen ein wenig freundlicher zu gestalten, können die Reifen bemalt werden. Hierfür gut geeignet sind Abtönfarben (aus dem Malerfachhandel). Sie sind wasserfest, vertragen also Regen und sogar Frost, so daß die Reifen das ganze Jahr über als Spiel- und Bewegungsgeräte draußen genutzt werden können.

- **Reifen anmalen**
  Das Bemalen der Reifen und Schläuche ist für die Kinder ein besonderes Erlebnis. Da die Farbe aus Kleidungsstücken nur dann entfernt werden kann, wenn sie ganz frisch ist, sollten die Kinder bei der Malaktion unbedingt Farbkittel oder ähnliches tragen.
  Kinder bemalen die Reifen gern großflächig. Dies ist jedoch vor allem bei den elastischen Schläuchen weder sinnvoll noch nötig. Wird die Farbe zu großflächig und dick aufgetragen, besteht die Gefahr, daß sie abblättert. Besser geeignet

sind kleinere Motive (Tupfer, Blumen, Streifen etc.), bei denen der schwarze Gummi als Untergrund erhalten bleibt. Werden die Reifen und Schläuche bei Sonnenschein bemalt, trocknen sie innerhalb weniger Minuten.

Die Autoreifen eignen sich zum Rollen und Wälzen, zum Bauen von Türmen und Kriechtunnels. Liegen sie auf dem Boden, werden sie zu wackeligen Balancierinseln.

Autoschläuche (je größer um so besser) fordern aufgrund ihres elastischen Materials vor allem zum Springen und Federn auf. Hierbei zeigen sie Trampolineffekte: Wenn man darauf federt, wird man hochgeschleudert und landet meistens an einer anderen Stelle, als man erwartet hat. Die Kunst besteht darin, sich nicht auf den Boden schleudern zu lassen, sondern wieder irgendwo auf dem Schlauch aufzukommen. So kann man versuchen, bei jedem Federn das Loch in der Schlauchmitte zu überspringen.

● **Bretter und Balken**
In Holzhandlungen kann man Abfallbretter und Balken in verschiedenen Längen und Breiten (manchmal kostenlos) erhalten. Die Bretter sollten mindestens zwei Zentimeter stark sein, damit sie sich nicht durchbiegen, wenn sie auf Gegenstände aufgelegt werden und Kinder über sie gehen. Scharfe Kanten sollten mit Sandpapier abgeschliffen, die Bretter je nach Oberfläche abgehobelt werden.

Die Bretter werden von den Kindern auf einer Wiese gern als Balancierstraßen genutzt. Verschieden breite Bretter werden hintereinandergelegt, mal wird der Pfad breit, mal ganz schmal.

● **Getränkekisten**
Plastikkisten, die für den Transport von Flaschen benutzt werden, können (auch vorübergehend) ihrem eigentlichen Nutzen entfremdet und zum Balancieren, Klettern und Steigen benutzt werden. Eine gute Standfläche haben breite, flache Kisten. Am sichersten stehen sie auf einer ebenen Rasenfläche.

Die Kisten sind von den Kindern leicht zu transportieren und können in ihrer Anordnung ständig verändert werden: Mehrere Kisten hintereinander aufgestellt ergeben eine Balancierstraße. Unterschiedliche Abstände der Kisten erfordern auch einmal einen Sprung auf die nächste Kiste.
Die Kisten können auch zu einer Treppe zusammengestellt werden, auf die man hinaufsteigen und von oben auf den Rasen hinunterspringen kann.

- **Rohre und Röhren**
PVC-Rohre fallen manchmal in kleinen Stücken beim Bau von Kanalanschlüssen, Wasser- und Drainageleitungen ab. Rohre mit großem Durchmesser eignen sich gut zum Balancieren (auf dem Rohr zu stehen versuchen oder im Stehen das Rohr sogar vorwärts bewegen), man kann sich aber auch hineinlegen und von einem anderen Kind über die Wiese rollen lassen.
Kleinere Rohre werden eher zum Hindurchkullern von Bällen, Steinchen und Murmeln benutzt.

- **Balancierstege, Rutschen und Wackelbrücken**

Zwar hat jedes der zuvor beschriebenen Materialien bereits für sich einen hohen Spielreiz, besonders interessant sind sie jedoch vor allem, wenn sie miteinander kombiniert werden. Bretter, Reifen, Schläuche und Kisten lassen eine Bewegungslandschaft entstehen, an der es immer wieder neue Wackelstege, Brücken, Tunnels, Türme und Rutschen gibt.

Mehrere Autoreifen aufeinandergestapelt ergeben eine gute Unterlage für ein schrägliegendes Brett, daß zum Klettern, aber ebenso zum Rutschen benutzt werden kann. Liegt das Brett auf zwei Reifenstapeln, wird es zu einer hohen Brücke.

Mit Reifen und Brettern kann man eine Wippe bauen, auf der sogar mehrere Kinder Platz haben: Hierfür werden etwa drei bis vier Reifen übereinandergetürmt, das Brett wird mit der Mitte darübergelegt. Über das Brett kann man vorsichtig gehen oder das Brett in der Mitte stehend im Gleichgewicht zu halten versuchen.

Eine solche Wippe zum Ausbalancieren des eigenen Gewichts kann auch entstehen, wenn man ein Brett quer über ein Kunststoffrohr legt.

Genau wie die Autoreifen können auch die Getränkekisten mit Brettern und Balken verbunden werden. So lassen sich unterschiedlich hohe Brücken, weitverzweigte Balancierstege und sogar schräge Ebenen bauen.

All diese Bewegungsgelegenheiten können die Kinder selbständig zusammenstellen, umbauen, abbauen, ergänzen und verändern. Das Material entspricht den körperlichen Voraussetzungen der Kinder, sie können es selbständig tragen, heben und ziehen. Das gemeinsame Spiel erfordert Absprachen und gegenseitige Hilfe, so daß neben den Bewegungserfahrungen auch wichtige soziale Erfahrungen gemacht werden.

# 7. Das Un-fertige fordert heraus

Das zwölfte Legoauto steht auf dem Fensterbrett und darf nicht angefaßt werden, denn wenn es kaputt geht und seine Einzelteile sich womöglich mit den Teilen der anderen Autos mischen – dann geht gar nichts mehr.

Eigentlich waren die bunten Bausteine dazu gemacht, zu immer wieder neuen Formen zusammengesetzt zu werden. Daraus konnten Häuser, Schiffe, Autos werden, sie wurden ständig umgestaltet, erhielten immer wieder neue Bedeutungen.

Heute erstreckt sich das Bauen auf das genaue Studieren des vorgegebenen Abbildes und auf das Zusammensetzen der Einzelteile entsprechend der Bildvorlage. Da hat jedes Teil seinen vorbestimmten Platz und darf nicht durch ein ähnliches, aber anderes ersetzt werden, der Rest würde dann nicht mehr passen.

Spielmaterial wird zunehmend spezialisierter, es ist meist nur für eine Sache zu benutzen, besteht aus vorgefertigten Bauteilen oder untereinander kombinierbaren Elementen, die aber zu keinem anderen System passen. Phantasie und eigenes Denken werden überflüssig, denn man muß nur die zueinander passenden Teile finden und sie richtig zuordnen. Mit den Spielgeräten macht man das, wofür sie gedacht sind, erkennbar an Abbildungen und Gebrauchsanleitungen. Eigene Spiele lassen sich kaum damit erfinden. Mit dem Bauernhof spielt man eben Bauernhof, und wenn man plötzlich daraus ein Piratenschiff machen will, dann muß eben eine andere Kiste mit anderen Bauteilen her.

Manches Spielzeug spielt sogar von selbst. Es gibt Puppen, die sprechen und Hunde, die laufen können, die Kinder müssen nur noch die richtigen Knöpfe finden, um sie zum Funktionieren zu bringen. Vorbei die Zeit der Bauklötze (noch sind sie nicht ganz vertrieben worden), hier kann jeder Baustein je nach Spiel die Bedeutung wechseln: mal ist er ein Auto, mal ein Haus. Aus vielen Bausteinen kann man eine Tankstelle bauen und wenig später damit einen Flugplatz einrichten. Nie ist der Flugplatz fertig, es gibt immer noch Anlässe, ihn wieder zu verändern. Der wichtigste Werkstoff ist dabei die eigene Phantasie.

In einer Welt der technischen Perfektion brauchen Kinder vor allem Dinge, die sie selber gestalten, formen, denen sie eine eigene Bedeutung geben können.

Kinder brauchen vor allem das Un-fertige: Material, das ihnen noch Spielraum für eigene Ideen gibt, das sie selber weiterformen oder umgestalten können. Nur so wird ihre Kreativität herausgefordert, eigenes Denken und Handeln notwendig gemacht.

Kinder brauchen aber auch Unterstützung im Auffinden von Nischen, die ihnen noch einen eigenen Spielraum ermöglichen.

Denn sobald die Industrie die Chance wittert, neue Ressourcen für die Vermarktung von Ideen zu erschließen, setzt die Perfektionierung schon ein.

So wird dann auch ein Baumhaus, die Idee eines von Kindern geschaffenen luftigen Aussichtsturmes im Baum, eines Luftschlosses, von der Industrie perfektioniert und durch ein Katalog-Baumhaus, auf sicheren Pfählen langlebig konstruiert, ersetzt. Damit wird die Vergänglichkeit, die Vorläufigkeit aufgehoben, die die Spielkonstruktionen der Kinder auszeichnete.

## Zum Wegwerfen viel zu schade

Kinder sammeln mit Vorliebe alte Schachteln, Büchsen, Kisten. Sie können alles gebrauchen und ihr Zimmer sähe – aus der Sicht der Erwachsenen – bald einer Müllhalde ähnlich, wenn man dem nicht Einhalt geböte.

Erwachene werfen oft gedankenlos Dinge weg, die für Kinder einen hohen Spielreiz haben. Auch für Bewegungsspiele sind manche Sachen sehr gut geeignet. Die unkonventionelle Nutzung fördert Phantasie und Ideenreichtum. Ein Ball bleibt gewöhnlich auch im Spiel ein Ball; aber eine Zeitung wird mal zu einem Dach, mal zu einer Zielfläche für das Werfen von Bällen, sie dient als Pfütze zum Überspringen, und kurze Zeit später wird aus ihr ein Hut, ein Mantel oder sogar ein Ball.

Teppichfliesen werden als Transporter genutzt, auf dem man ein anderes Kind auf glattem Boden schieben oder ziehen kann; ebenso können sie zu Schlittschuhen umfunktioniert werden, zu einer Rutschunterlage, mit deren Hilfe man die Rutschbahn schneller hinunterkommt. Man kann sie auch in kleine Felsinseln verwandeln: Von einer zur anderen springend läßt sich auf ihnen ein See überqueren.

Ein Kochlöffel und ein Topf sind viel interessanter als eine richtige Trommel aus dem Kaufhaus. Mit Töpfen, Deckeln, Löffeln aus unterschiedlichem Material (Holz, Plastik, Metall) lassen sich Geräuschkonzerte und Trommelwirbel veranstalten.

Prall mit Luft aufgepumpte Autoschläuche ersetzen sowohl im Kinderzimmer als auch draußen auf einer Wiese ein Trampolin. Autoreifen lassen sich zum Rollen, Springen und Balancieren ebenso einsetzen wie zum Bauen. Es müssen also nicht immer die perfekt gestalteten Geräte eines Spielplatzes sein, Kinder lieben oft viel mehr das Vorläufige und Veränderbare – keine fertigen Spielplatzeinrichtungen, sondern das Vergängliche; Dinge, an deren Entstehung sie selbst beteiligt waren und die sie immer wieder umgestalten können.

*Fünf Autoreifen werden übereinandergetürmt, unten die großen, dicken, oben die kleineren. Was das ist? Ein Schiff – mit Kanonenrohren (Drainagerohre, durch die man Bälle kullern lassen kann, die Bälle sind natürlich die Kanonen).*

*Ein T-Shirt wird an eine Stange gebunden und als Flagge (oder Segel?) gehißt. Auf geht die Fahrt! Schnell stürmen alle Kinder ins Boot, Jan und Mark sitzen im Rettungsboot (ein*

kleinerer Autoschlauch, der neben dem Reifenturm liegt).
Der Wellengang ist hoch. Auf den Schläuchen federn und
wippen alle Insassen. Der nächste Hafen ist in Sicht: Ein Seil
mit dickem Ast ist der Anker, ein Brett (viel zu kurz) wird
zum Ruder. Landungsbrücken (lange Bretter) werden ausge-
legt, über die die Besatzung des Schiffes an Land gelangt. Ein
Landgang bringt weitere Ausrüstungsgegenstände: Ein Stück
Gartenschlauch wird als Angel gebraucht (und die Schuhe
werden zu Fischen).

Es fängt an zu regnen (wirklich) – schnell wird dem Schiff
ein Dach verpaßt: Der Gartentisch wird mit vereinten Kräf-
ten auf die Reifen gestellt.

Kinder wollen bauen, konstruieren, zusammenfügen (und lernen dabei eine ganze Menge an sachlogischen Zusammen-
hängen). Sie wollen aber auch auseinandernehmen, zerlegen,
umwerfen und abbauen. Am liebsten gehen sie mit Dingen

um, die die einfachen Handhabungen des Zusammenbauens und Auseinandernehmens ermöglichen.

Während wir Erwachsene das Bauen und Zusammenfügen als konstruktive Tätigkeit wahrnehmen, gilt letzteres als destruktiv und wird als eher unerwünschtes Verhalten gesehen, obwohl es genauso zum Spielen gehört.

## Krims-Krams-Bewegungsspiele

*Wir haben eine neue Waschmaschine bekommen. Verpackt in einem riesigen Karton. Wohin bloß mit dem sperrigen Ding, – bis zur Papierabfuhr dauert es noch zwei Wochen. Aber da stürmen schon Tobias und Steffen herbei, fragen, ob sie die Kiste wohl haben können, zerren sie nach draußen auf die Wiese, und schon wird aus dem Karton eine Burg. Öffnungen werden hineingeritzt, sie sind die „Ausgucklöcher" der Burg – falls ein Feind sich der Burg nähert. Hier kann auch das „Gewehr" – ein dünner morscher Ast – hindurchgesteckt werden.*

*Wertloses Material – und doch zum Wegwerfen viel zu schade, denn was läßt sich alles daraus machen! Während des Spiels wechselt die Bedeutung des Kartons: Plötzlich wird die Ritterburg zum Käfig, in dem ein gefährliches Raubtier gehalten wird. Steffen, der Löwe, ist hier eingesperrt.*

Die Phantasie der Kinder bringt einen an sich wertlosen Gegenstand in einen neuen Sinnzusammenhang. Wenn die Idee Gestalt angenommen hat, wächst daraus ein komplexes Spiel, das oft mehrere Stunden dauern kann.

Bewegungsspiele mit unkonventionellen Materialien und umfunktionierten Gebrauchsgegenständen tragen dazu bei, die Phantasie der Kinder zu wecken beziehungsweise sie wachzuhalten.

Meist sind es nicht die perfekten Spielmaterialien, die die kindliche Phantasie anregen, sondern gerade das Undefinierte: eine Kiste, ein Brett, eine Decke, die den Anlaß für eine Spielsituation geben.

Fertige Holzhäuser aus dem Kaufhaus, Piratenschiffe aus Bausätzen oder die Ritterburg von Playmobil ist zwar anfangs heißbegehrt und steht auch auf dem Wunschzettel vieler Kinder, sie bleibt aber eine Ritterburg, daran kann weder Phantasie noch Vorstellungskraft etwas ändern. Mit den Spielfiguren kann man eben nur Ritterburg spielen, und der Reiz des Neuen ist schnell erschöpft.

Während Erwachsene meist gar nicht mehr fähig sind, Dinge und Gegenstände unabhängig von ihrem üblichen Verwendungszusammenhang zu sehen und zu gebrauchen, haben Kinder noch eine offene, nicht zweckgebundene Wahrnehmung der Dinge. Ihre Kreativität und Phantasie ermöglicht es, den Gegenständen eine eigene Bedeutung zu geben und sie in einem nicht-funktionalen Zusammenhang zu verwenden. So ist ein Karton eben nicht allein ein Verpackungsgegenstand, der dann seinen Wert verliert, wenn er nicht mehr

gebraucht wird. Aus der Sicht der Kinder eignet er sich vor allem zum
– Tunnelbauen;
– Anmalen, so daß ein Haus daraus wird;
– Hineinspringen oder Überspringen (falls er flach genug ist);
– Verstecken spielen usw.

## Spiele mit der Zeitung

● **Zeitungsdach**

Ein Doppelblatt der Zeitung wird mit beiden Händen über den Kopf gehalten. Wenn man schnell läuft, flattert die Zeitung über dem Kopf. Sie ist ein Dach, das vor Regen oder Sonne schützt. Es flattert aber nur so lange über dem Kopf, wie man selbst in Bewegung bleibt.

● **Zeitung flattern lassen**

Während des Laufens kann man die Zeitung loslassen und sehen, wohin sie fliegt. Vielleicht können die Kinder auch einmal versuchen, sie aufzufangen, bevor sie auf dem Boden aufkommt.

● **Klebende Zeitung**

Die Zeitung vor den Bauch legen und nun so schnell laufen, daß sie vor dem Bauch kleben bleibt, ohne daß sie mit den Händen festgehalten werden muß. An welche Körperteile kann die Zeitung noch geklebt werden (Arme, Handrücken …)?

● **Zeitungsinseln**

Mehrere Zeitungen werden ausgebreitet auf dem Boden verteilt. Von einer Zeitung auf eine andere springen, dabei versuchen, nicht auf den Boden zu kommen (das Springen kann einbeinig oder auch beidbeinig ausgeführt werden).

● **Slalomlauf**

Ganz schnell in Kurven um die Zeitungen herumlaufen.

● **Zeitungsbälle**
Aus mehreren Zeitungen wird eine dicke Kugel geformt. Mit der Kugel kann man sich bewerfen (Schneeball-schlacht), man kann sie mit verschiedenen Körperteilen hochzuwerfen versuchen und mit beiden Händen auffangen. Ebenso kann man den Zeitungsball zum (lautlosen) Zielwerfen benutzen. Als Zielgegenstände dienen dann zum Beispiel der Papierkorb oder ein an der Decke aufgehängter großer Plastikreifen.

## Geschicklichkeitsspiele mit Kastanien
Im Herbst können gemeinsam Kastanien gesammelt werden;
– die Kastanien auf verschiedenen Körperteilen balancieren;
– wieviele Kastanien passen auf einen Arm?
– mit mehreren Kastanien auf dem Handrücken um Hindernisse (Möbelstücke oder ähnliches) herumgehen (oder sie übersteigen);
– Kastanien hochwerfen und wieder auffangen.

## Kastanien-Billard
Mehrere Kastanien liegen verteilt auf dem Boden (möglichst glatten Bodenbelag auswählen, Holz- oder Kunststoffböden). Mit einem Stab (oder Kochlöffel) soll versucht werden, sie so anzustoßen, daß eine andere Kastanie abgetroffen und weiterbefördert wird.

## Bierdeckel
Die Bierdeckel werden von den Kindern mit Wachsmalstiften (oder Abtönfarben aus dem Malerbedarf) bunt angemalt. So erhält jedes Kind seinen eigenen schönen bunten Bierdeckel (oder auch mehrere), den es unter den vielen anderen herausfinden kann.

Anschließend können folgende Bewegungsspiele mit dem Bierdeckel gespielt werden:

● **Fliegende Untertassen**
Die Bierdeckel werden flach durch den Raum geworfen (wie Frisbeescheiben).

Die „fliegenden Untertassen" sollen an einer bestimmten Stelle landen (einen Eimer als Ziel aufstellen oder eine besondere Stelle im Raum ausmachen: zum Beispiel Fenster oder Spiegel).

● **Fluß überqueren**
Viele Bierdeckel werden auf dem Boden verteilt. Sie stellen Steine in einem flachen Fluß dar. Die Kinder stehen an einem Ufer des Flusses und sollen versuchen, „trockenen Fußes" auf die andere Seite zu gelangen.

● **Bierdeckelbalance**
Die Bierdeckel sollen auf dem Körper balanciert werden. Auf welchen Körperteilen und -stellen ist dies gut möglich, und wo fallen sie sofort herunter?
Wieviele Bierdeckel können gleichzeitig balanciert werden (zu den eigenen bemalten werden noch andere, unbemalte hinzugenommen; die Bierdeckel nicht übereinander, sondern nur nebeneinander legen).

● **Türme bauen**
Mit Bierdeckeln und Toilettenpapierrollen (oder auch Pappröhren von Küchenpapier etc.) einen möglichst hohen Turm zu bauen versuchen.

## Alles was rollt – Die Faszination von Fahrzeugen und Rollgeräten

Schon als Babys sind Kinder fasziniert von allem, was rollt. Zuerst ist es der Kinderwagen: wenn er still steht, fangen sie an zu protestieren. Den Buggy wollen sie dann schon selber schieben, und kaum stehen sie sicher auf den Beinen, scheint der größte Spaß das Rutschauto zu sein.
Rutschauto – Dreirad – Fahrrad mit Stützrädern – Fahrrad – mit jedem Lebensjahr kommen neue Roll- und Fahrgeräte hinzu, und jede dieser Fahrgelegenheiten fordert und fördert

beim Kind eine Reihe motorischer Fähigkeiten, die sich – abhängig vom Alter und von den Bewegungsmöglichkeiten des Kindes – höchst unterschiedlich entwickeln können.

## Rutschauto

Das Rutschauto ist bei fast allen Kindern der erste „fahrbare Untersatz". Faszinierend daran ist, daß man sich im Sitzen – also in sicherer Ausgangsposition – fortbewegen und dabei selbst Tempo, Richtung und Dauer der Bewegung bestimmen kann. Spezielle motorische Voraussetzungen sind kaum nötig (allerdings sollte das Kind sicher sitzen und laufen können), so daß bereits Zweijährige mit dem Rutschauto zurechtkommen.

Beschleunigt wird mit den Füßen, gebremst ebenso, benutzt wird dabei meist die Innenkante der Fußspitzen, was sehr auf Kosten der Schuhe geht. Jede Mutter eines Rutschautobesitzers weiß ein Lied von durchlöcherten Gummistiefeln und abgewetzten Schuhspitzen zu singen.

Trotzdem ist das Rutschauto für kleine Kinder ein ebenso beliebtes wie geeignetes Spielgerät: Sich mit den Füßen abstoßen und dabei die Richtung (vorwärts, rückwärts) bestimmen, mit den Händen das Lenkrad steuern und Hindernisse (Bordsteinkanten, Wegbegrenzungen etc.) richtig einschätzen und umfahren können, fördern beim Kind Koordination und Reaktionsvermögen.

Beim Kauf eines Rutschautos sollte beachtet werden, daß manche besonders „witzigen" Ausführungen sehr gefährlich sind. Schon bei kleinen Hindernissen (Stein auf der Straße oder ähnliches) kippt das gesamte Fahrzeug vornüber, da der Schwerpunkt zu hoch ist oder die Räder nicht im richtigen Abstand angebracht sind.

## Dreirad

Die nächste Stufe in der Fahrzeugbenutzung ist das Dreirad. Auch hierin können sich bereits Zweijährige versuchen, obwohl sie oft noch Schwierigkeiten bei der Betätigung der Pedale haben. Viele Dreiräder haben eine „Schiebestange",

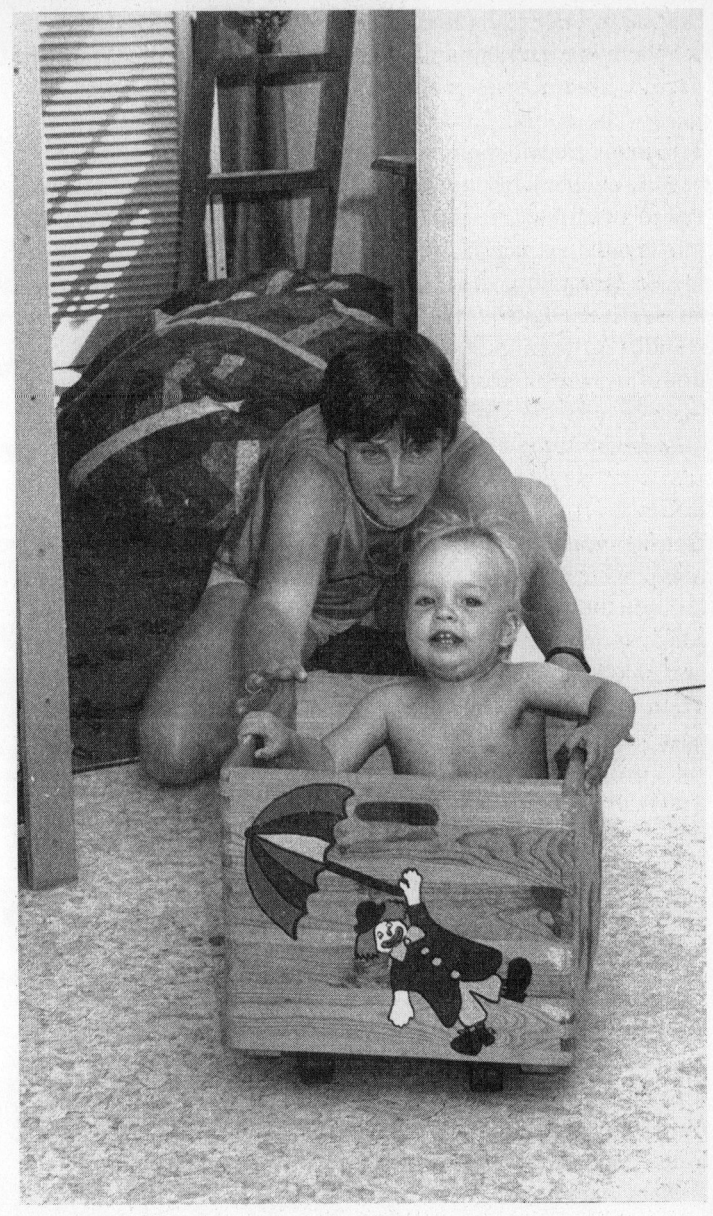

mit deren Hilfe die auf dem Rad sitzenden Kinder ange-schoben werden können. Damit wird allerdings die Erfahrung des „Selbermachens" verhindert. Geschoben worden zu sein, macht die Kinder auch ungeduldig, wenn das selbständige Treten der Pedale nicht auf Anhieb gelingt. Daher ist es meist besser, die Schiebestange gar nicht zu benutzen und das Kind zunächst einmal ausgiebig mit dem Dreirad spielen zu lassen (die Pedale mit den Händen betätigen etc.).

Die Benutzung des Dreirades stellt kaum Anforderungen an das Gleichgewichtsvermögen, da die beiden Hinterräder stabile Auflagen bilden. Das wechselseitige Treten der Pedale und die Kombination von Treten und Lenken erfordern je-doch bereits ein für Kleinkinder hohes Maß an Koordinati-onsfähigkeit und Orientierungsvermögen.

## Roller

Der fast vergessene Roller hat in den letzten Jahren eine Re-naissance erlebt. Für Kinder geeignet sind allerdings weniger die von der Spielzeugindustrie propagierten „Kick-Boards", sondern die gummierten Tretroller. Große luftgefüllte Reifen fangen Unebenheiten der Straße ab. Der Roller stellt das beste Trainingsgerät für die Gleichgewichtsfähigkeit dar und ist als Spiel- und Fahrgerät bereits ab dem 3. Lebensjahr sehr vielsei-tig (und lange) zu gebrauchen. Das Auf- und Absteigen auf den Roller erfordert Koordination, Geschicklichkeit und Reakti-onsvermögen. Allerdings kann das Kind dabei ganz behutsam entsprechend seinen Fähigkeiten die Beherrschung des Roller-fahrens erlernen: Zu Beginn kann es erst einmal einen Fuß auf die Trittfläche setzen und mit dem anderen gehen; langsam wird dann aus dem Gehen ein Antreten, so daß die Beschleu-nigung der Fortbewegung selbst gesteuert werden kann.

Anlaufen, Aufspringen, mit beiden Füßen auf dem Roller fahren, Hindernisse umfahren und selbst auf holprigem Un-tergrund das Gleichgewicht halten – das alles erhöht die An-forderungen an die Gleichgewichts- und Koordinationsfähig-keit, und auch ältere Kinder erfinden immer noch neue Rollerkunststücke.

Rollerfahren stellt die ideale Vorbereitung auf das Fahrradfahren dar. Es erfordert ähnliche Gleichgewichtsreaktionen beim Fahren und Lenken, man kann aber immer noch schnell abspringen oder bei Unsicherheit das freie Bein zum Abstützen benutzen.

## Kettcar

Weitaus einfacher ist die Fahrtechnik beim Kettcar. Es kann schon von Vier- bis Fünfjährigen problemlos betätigt werden und wird daher von Eltern oft auch dem Fahrrad vorgezogen. Beim Kettcarfahren muß sich das Kind weniger auf motorische Anforderungen konzentrieren, es hat deswegen Gelegenheit, seine Aufmerksamkeit auf die Umgebung zu richten, fährt Slalom oder übt das Rückwärtsfahren, Rangieren etc. In Schulen wird das Kettcar daher oft auch als Mittel zur Verkehrserziehung eingesetzt. Situationsgerechte Ausweichmanöver, Kurvenfahren, Beschleunigen und Abbremsen fördern Reaktion, Raumorientierung und Steuerungsfähigkeit. Da der Antrieb durch die Beinkraft erfolgt, ist auch hier eine Kräftigung der unteren Extremitäten die Folge.

Insgesamt hat das Kettcar für Kinder einen hohen Spielwert. Es bringt zwar wenig Gleichgewichtsübung mit sich, dafür beansprucht es aber die Beinmuskulatur und fördert vor allem das Steuerungsvermögen.

### Statt Stützrad – Laufrad

Die Vorstufe zum Fahrradfahren sehen viele Eltern in der Benutzung eines Rades mit Stützrädern. Anders als beim Dreirad, bei dem sich die Last gleichmäßig auf das Vorderrad und die beiden Hinterräder verteilt, stellen die beiden Stützräder links und rechts vom Hinterrad eine sehr unsichere Balancehilfe dar. Auf unebenen Straßen und beim Kurvenfahren ist die Gefahr des Stürzens groß. Das Kind bekommt ein völlig falsches Gefühl von Sicherheit, es kann das Gleichgewicht nicht selbst regulieren und fährt mit dem Stützrad eigentlich genauso wie mit einem Dreirad.

Von dem Einsatz von Stützrädern ist daher abzuraten. Sie

erleichtern das Radfahren nicht, sondern können es sogar erschweren, da die für das Fahrradfahren wichtigste Voraussetzung – ein gutes Gefühl für das Gleichgewicht – nicht vermittelt wird.

Eine bessere Vorbereitung auf das Fahrradfahren ist das „Laufrad": Bei einem (älteren, gebrauchten) kleinen Fahrrad werden die Pedale abgeschraubt, so daß das Kind sich rechts und links mit den Füßen abstützen und auch abstoßen kann. Hier kann das Kind mit dem Gleichgewicht experimentieren, bei Gefahr die Füße aufsetzen und das Auf- und Absteigen problemlos bewältigen.

**Fahrrad**

Das Fahrradfahren erfordert bei Kindern bereits ein hohes Maß an Koordinationsvermögen, an Gleichgewichts- und Orientierungsfähigkeit. Vor allem während der Phase des Erlernens des Radfahrens vollbringen die Kinder zudem große Ausdauerleistungen: aufsteigen, ein kurzes Stück fahren, absteigen, erneut aufsteigen – ständige Wiederholungen sind Voraussetzungen für das Üben der sehr komplexen Anforderungen. Wenn Kinder es sich in den Kopf gesetzt haben, das Radfahren zu erlernen, üben sie unaufhörlich. Wichtig ist dabei, daß sie genügend – gefahrlose – Freifläche (Spielstraße, Schulhof oder ähnliches) zur Verfügung haben und daß die sie begleitenden Erwachsenen nicht zu schnell ungeduldig werden. Am besten können Eltern oder Geschwister helfen, indem sie das Rad am Sattel festhalten. Damit wird das Aufsteigen erleichtert, und sie können beim Anfahren einen kurzen Anschub geben.

Die Fahrradgröße sollte zu Beginn lieber etwas kleiner gewählt werden (eventuell zunächst einmal auf abgelegten, gebrauchten Fahrrädern üben), so daß die Kinder beim Sitzen auf dem Sattel den Boden mit den Füßen berühren und so besser auf- und absteigen können.

Radfahren erfordert jedoch nicht nur motorische Geschicklichkeit, sondern auch Konzentration und Reaktion. Die Kinder müssen auf die Bodenbeschaffenheit, die Umgebung, auf mitfahrende andere Radler und vor allem auf andere Verkehrsteilnehmer achten. Auch wenn Kinder das Radfahren beherrschen (was manchmal schon Vierjährigen gelingt), sind sie damit noch lange nicht fähig, am Straßenverkehr teilzunehmen. Die Anforderungen sind hier so komplex, daß – je nach Wohnsituation – erst bei Kindern im Grundschulalter davon ausgegangen werden kann, daß sie sich der Verkehrssituation angemessen verhalten können.

**Rollschuhe**
Vielseitige Bewegungserfahrungen können Kinder mit Rollschuhen machen. Da auch hier die Anforderngen an die Gleichgewichtsfähigkeit sehr hoch sind, kann man erst etwa ab dem 5. Lebensjahr damit rechnen, daß die Kinder die notwendigen Anpassungsleistungen erbringen können. Zu Beginn kann man erst einmal mit einem Rollschuh „rollern" (mit dem rollschuhlosen Bein antreten oder die Balance sichern). Hilfreich ist es auch, sich an feststehenden Gegenständen (Geländer, Hauswand) oder an einem Partner festzuhalten. Manchmal ist es einfacher, aus dem Anschwung heraus das Gleichgewicht zu halten (zum Beispiel sich am Gepäckträger eine Fahrrades festhalten und gezogen werden). Erst langsam erwerben die Kinder dann auch die Fähigkeit zur Verlagerung des Gleichgewichts von einem Bein auf das andere; ebenso große Anforderungen stellen das Loslaufen und das Anhalten dar.

Rollschuhlaufen erfordert – wie fast alle Bewegungsfertigkeiten – viele Übungsmöglichkeiten. Je mehr sie im Spiel (Nachlaufspiele mit Rollschuhen etc.) gefördert werden, um so sicherer werden die Kinder. So können auch langweilige Spaziergänge der Erwachsenen für Kinder interessant werden, wenn sie (sofern der Straßenbelag dies zuläßt) die Rollschuhe anziehen dürfen.

Ähnliche Anforderungen wie das Rollschuhlaufen stellt auch das
**Schlittschuhlaufen.**
Hinzu kommt hier noch die schmalere Auflagefläche der Kufen, die das Halten des Gleichgewichts zusätzlich erschwert.

Dafür kann das Gleiten auf dem Eis einfacher mit Richtungswechseln (rückwärtslaufen etc.) verbunden werden.

## Skateboard

Richtiges Skateboardfahren (im Stehen, mit Kunstfertigkeiten und akrobatischen Einlagen) wird zwar erst von älteren Kindern (ab zehn Jahren) und Jugendlichen beherrscht, das Skateboard eignet sich aber auch für viele Geschicklichkeits- und Körperbeherrschungsspiele, die bereits jüngeren Kindern viel Spaß bereiten.

In der Bauchlage auf dem Brett fahren, Anlauf nehmen und sich auf das Brett knien, Gleichgewichtsverlagerungen im Stehen ausführen und dabei das Brett mitbewegen – diese Übungen sind nicht nur Vorbereitungen für das Skateboardfahren, sondern haben für Kinder durchaus einen eigenen Spielzweck.

Bei der Anpassung an die Eigendynamik des Gerätes, der Steuerung der Raumrichtung, beim Ausprobieren verschiedener Antriebsmöglichkeiten im Sitzen, Knien und Liegen auf dem Brett wird die Geschicklichkeit, Gewandtheit und die Koordinationsfähigkeit geschult; beim Fahren in der Bauchlage wirkt sich die Anspannung der Rückenmuskulatur zudem positiv auf die Körperhaltung aus.

### Im Spiel die eigenen Fähigkeiten verbessern

Die Altersangaben bei den Kinderfahrzeugen sind Erfahrungswerte, die im Einzelfall durchaus über- oder unterschritten werden können. Als Faustregel gilt: Zwängen Sie Ihrem Kind nie ein bestimmtes Fahrgerät (Rollschuhe, Schlittschuhe) auf. Es muß von sich aus den Wunsch verspüren, sich den neuen Anforderungen, die die Geräte mit sich bringen, auszusetzen. Es gbt keine allgemeingültigen Altersgrenzen, ab wann ein Kind Fahrrad fahren lernen oder ein Skateboard geschenkt bekommen sollte. Dies hängt sowohl von der individuellen Entwicklung des Kindes ab als auch von der Umgebung, in der es aufwächst.

Allerdings wäre es auch falsch anzunehmen, die motorischen Fähigkeiten des Kindes würden einfach so heranreifen,

und man müsse nur warten, bis ein Kind „reif" sei für das Fahr-radfahren. Neben der Reifung spielen auch günstige Umwelt-bedingungen, die Möglichkeiten und Anregungen, die Kinder für Spielen und Sich-Bewegen im Alltag vorfinden, eine wich-tige Rolle. So kann das Vorbild von älteren Geschwistern oder Freunden Kinder dazu animieren, auch Rollschuhlaufen oder Fahrradfahren zu wollen. Wichtig ist vor allem, daß die Kinder Spaß bei der Auseinandersetzung mit den Geräten haben; daß sie trotz aller Anstrengungen, die auf dem Weg zu ihrer Be-herrschung liegen, ihre Begeisterung am Ausprobieren und Üben behalten. So wird im **Spiel** das Gleichgewicht verbessert, das Haltungsgefühl geschult und die Muskulatur trainiert. An-stelle von verbissenem Üben und Trainieren einer Fertigkeit sollte das lustvolle Erproben der eigenen Fähigkeiten stehen, denn nur so kann ein Kind Vertrauen zu sich selbst gewinnen.

### Bewegungsgeräte für alle Altersstufen

Bewegungsspielzeug ist natürlich auch in Kaufhäusern zu fin-den: Hüpfbälle, „Moonhopper", Skateboards, Trampoline und dergleichen mehr. Neben den traditionellen Geräten wie Schaukeln, Rollschuhen, Springseilen bilden sie einerseits eine gute Alternative zu elektronischem oder den passiven Spielkonsum förderndem Spielzeug, andererseits geraten El-tern bei der Vielfalt der Angebote schnell in Zweifel, ob denn jedes Kinderzimmer wirklich mit Trampolin und Hüpfball ausgestattet sein muß. Oft sind die Kinder in ihren körperli-chen und motorischen Fähigkeiten von den Anforderungen der Geräte auch noch überfordert. Ab welchem Alter also ist welches Bewegungsgerät geeignet?

Während bei den zu Bewegungsgeräten umfunktionierten oder aber selbst hergestellten Dingen die Kinder selbst ent-scheiden, was ihnen zu welchem Zeitpunkt als Spielzeug ge-legen kommt, müssen beim Kauf von Rutschautos oder Roll-schuhen zumeist die Eltern (mit-)entscheiden, ob das Gerät nun angeschafft wird oder nicht.

**Spiel- und Bewegungsgeräte**

| Lebensjahr / Geräte | 1. | 2. | 3. | 4. | 5. | 6. | 7. | 8. | 9. | 10. | 11. | 12. |
|---|---|---|---|---|---|---|---|---|---|---|---|---|
| Bälle | x | x | x | x | x | x | x | x | x | x | x | x |
| Luftballons | | x | x | x | x | x | x | x | x | x | | |
| Bobbycars | | x | x | | | | | | | | | |
| Schaukel | x | x | x | x | x | x | x | x | x | x | x | x |
| Wippe | | | | x | x | x | x | x | x | | | |
| Dreirad | | x | x | | | | | | | | | |
| Schaukelpferd | | x | x | x | x | | | | | | | |
| Schaukelbrett | | x | x | x | x | x | | | | | | |
| Klettergeräte | | | x | x | x | x | x | x | x | | | |
| Rutsche | | | x | x | x | x | x | x | x | | | |
| Schaumstoff- oder Polsterelemente | x | x | x | x | x | x | x | x | x | | | |
| Kettcar | | | | | x | x | x | x | | | | |
| Fahrrad | | | | x | x | x | x | x | x | x | x | x |
| Springseil | | | | x | x | x | x | x | x | x | x | x |
| Gummi für Gummitwist | | | | | x | x | x | x | x | x | | |
| Murmeln | | | | x | x | x | x | x | x | x | | |
| Rollschuhe | | | | | x | x | x | x | x | x | x | x |
| Schlittschuhe | | | | | x | x | x | x | x | x | x | x |
| Stelzen | | | | | | | x | x | x | x | x | x |
| Autoreifen / Autoschläuche | | x | x | x | x | x | x | x | x | | | |
| Hüpfball | | x | x | x | x | x | | | | | | |
| Hängematte | x | x | x | x | x | x | x | x | x | x | x | x |
| Skateboard | | | | | x | x | x | x | x | x | x | x |

Folgende Fragen können bei diesen Überlegungen hilfreich sein:

– Hat das Gerät einen hohen Aufforderungsgehalt für die Kinder?

– Entspricht der Schwierigkeitsgrad in der Handhabung den körperlichen und motorischen Voraussetzungen des Kindes?

– Handelt es sich um Modeerscheinungen, die nur auf kurzfristige Attraktivität schließen lassen, oder läßt auch die Materialbeschaffenheit eine langandauernde Betätigung zu?

– Läßt das Bewegungsgerät einen Übungszuwachs zu oder ist sein Gebrauch mehr auf kurzfristiges Ausprobieren beschränkt? Beim Seilspringen kann man zum Beispiel bei verschiedenen Könnensstufen anfangen, Rollschuhlaufen läßt ebenfalls eine sich ständig steigernde Perfektion zu, ein Moonhopper dagegen ist in seiner Verwendungsfähigkeit schnell erschöpft.

# 8. Feste feiern mit Bewegung

„Ein einziger Streß – diese Kindergeburtstage! Immer muß man die Kinder beschäftigen, damit sie nicht zu wild herumdüsen und die Wohnung auf den Kopf stellen." Diese Äußerung einer gestreßten Mutter macht deutlich, wie groß ihre Anstrengung sein muß, Bewegung bei den geladenen Gästen zu verhindern. Dabei ist die Auswahl der Spiele meist gleich:

„Topf schlagen", die „Reise nach Jerusalem" – kaum ein Geburtstag, der ohne sie auskommt. Wettspiele mit Siegern und Verlierern, dem Sieger winkt ein Preis, seine Freude ist der anderen Ärgernis; meist kommt es den Kindern gar nicht mehr auf das Spielen, sondern aufs Gewinnen an – und das kann eben nur einer. Der Frust ist vorprogrammiert. Zwischen den Spielen dann ein Videofilm, damit die Mutter überhaupt einmal verschnaufen oder die nächste Aktion vorbereiten kann.

Manche Eltern sind der dauernden Spielanimation überdrüssig und verlagern den Geburtstag auf Orte außerhalb der Wohnung, an denen die Kinder von vornherein beschäftigt sind: ein Schwimmbadbesuch, für Ältere die Kegelbahn, eine Rallye durch den Zoo. Für Kinder können dies erlebnisreiche Stunden sein, allerdings besteht auch leicht die Gefahr, daß bei jedem Geburtstag ein neues aufwendiges Ereignis her muß, um die Kinder in ihrer Erwartungshaltung zufriedenzustellen. Dabei läßt sich auch zu Hause ein streßfreies und dennoch fröhliches, schönes Geburtstagsfest feiern. Auch ohne großen Aufwand kann man dem Bedürfnis der Kinder zu spielen entgegenkommen.

Spiele mit Spannung, aber auch zur Entspannung: Das richtige Verhältnis bestimmt die Stimmung der Kinder. Sie können mit Spannung überladen und dann ungenießbar werden oder aber auch einmal Gelegenheit haben, zur Ruhe zu kommen. Wenn sie den ganzen Nachmittag vorwiegend Wettspiele machen, jeder Gewinn mit einer Süßigkeit belohnt wird und dann – um überhaupt einmal Ruhe einkehren zu lassen – der Fernseher eingeschaltet wird, dann ist es kein Wunder, wenn die Kinder völlig aufgedreht vom Geburtstag nach Hause kommen (und auch die Eltern entsprechend geschafft sind).

Für die Durchführung der folgenden Spiele benötigt man wenig Material, sie eignen sich für kleine Gruppen und können zum Teil in der Wohnung, zum Teil auf einer Wiese oder auf dem Spielplatz durchgeführt werden. Hier geht es nicht um Gewinnen oder Verlieren, sondern um das gemeinsame Erleben, um die Freude am Spiel selbst.

### Gegen den Geburtstagsstreß

● **Augenzwinkern**
Die Kinder stehen oder sitzen jeweils zu zweit hintereinander im Kreis. Ein Mitspieler steht alleine und versucht, durch Augenzwinkern den vorne Stehenden eines Paares wegzulocken. Dieser läuft schnell zu dem Augenzwinkerer, sein „Hintermann" versucht, ihn festzuhalten. Schafft er es zu entwischen, stellt er sich hinter den Blinzler, der übriggebliebene Partner wird neuer Augenzwinkerer.

● **Familie Meier**
Kärtchen mit verschiedenen Familiennamen werden vorbereitet (ungefähr so viele, wie Kinder an dem Spiel teilnehmen). Auf jedem Kärtchen steht das Mitglied der Familie und der Familienname (Vater Meier, Mutter Meier, Kind Meier, Hund Meier etc., Vater Müller, Mutter Müller etc.). Jeder Mitspieler zieht eines der vorher gemischten Kärtchen. Auf ein Zeichen des Spielleiters suchen dann alle durch lautes Rufen ihres Familiennamens ihre Familie.

Hat sich die Familie gefunden, setzt sie sich in folgender Reihenfolge auf einen Stuhl:
Zuerst kommt Vater Meier, auf seinem Schoß sitzt Mutter Meier, das Kind Meier setzt sich auf den Schoß der Mutter und der Hund legt sich vor den Stuhl (oder kriecht darunter).

● **Mäusefangen** (ein ruhiges Spiel zum Entspannen)
Alle Kinder der Gruppe spielen Mäuse. Diese sitzen in Kreisform auf einem Kissen auf dem Boden oder auf einem Stuhl. Ein Kind stellt die Katze dar. Sie liegt auf einer Decke in der Mitte des Kreises und hält Mittagsschlaf. So lange die Katze schläft, dürfen sich die Mäuse bewegen, quieken, herumlaufen und die Katze sogar ärgern.
Plötzlich aber wird die Katze wach und versucht, eine Maus zu fangen. Jetzt müssen alle Mäuse schnell in ihre Löcher (auf die Kissen oder unter die Stühle) und ganz still sein. Bewegt sich eine Maus oder gibt sie ein Geräusch von sich, wird sie von der Katze als Beute in die Mitte gebracht und muß mit ihr die Rolle tauschen.

● **Der Ameisenbär**
Alle Mitspieler bilden Paare. Ein Erwachsener oder ein übriggebliebener Spieler stellt einen Ameisenbär dar. Er gibt den Ameisen Kommandos, welche Bewegungen sie gemeinsam mit ihrem Partner ausführen sollen: zum Beispiel Rücken an Rücken gehen, zu zweit auf insgesamt zwei Beinen hüpfen. Ruft der Ameisenbär „Feind in Sicht" krabbeln die Ameisen auf allen Vieren durch den Raum und suchen sich einen neuen Partner. Bei diesem Durcheinander darf sich der Ameisenbär einen Partner schnappen. Derjenige, der jetzt übrigbleibt, wird zum neuen Ameisenbär.

● **Gespenster-Polonaise**
(Ein spannendes Spiel, das am besten am Abend – kurz vor Abschluß des Festes – gespielt wird.)

Welche Räume der Wohnung können verdunkelt werden? Durch sie führt der Weg einer Polonaise (die Kinder fassen sich zu einer langen Kette und gehen durch die Gespensterräume). In jedem zugänglichen Zimmer (auch im Flur) versteckt sich ein Gespenst (ein Geburtstagsgast, der vorher auf seine Rolle vorbereitet wurde), das unheimliche Geräusche mit der Stimme (Gespenstertöne huuu – huuu ... hihihihi ...) oder mit Geräuschgegenständen (mit einem Schlüsselbund rasseln, eine Gong schlagen) macht. Um das Geheimnisvolle zu verstärken, können die Polonaisenteilnehmer sich auch die Augen mit einem Tuch verbinden.

Eventuell können auch Hindernisse aufgebaut werden, die die Schlange überwinden muß.

● **„Mörderspiel"**
Entsprechend der Anzahl der Kinder werden Zettel vorbereitet: Auf einen Zettel wird ein Kreuz gezeichnet, alle anderen erhalten eine Null.

Alle Mitspieler sitzen im Kreis, jeder zieht einen Zettel. Das Kreuz ist das Zeichen für den „Mörder", der durch Augenzwinkern seine Opfer ermordet. Wer also einem Mitspieler in die Augen schaut und dabei angezwinkert wird, fällt mit lautem Schrei zu Boden. Die „Überlebenden" müssen genau aufpassen, wer der Mörder sein könnte. Hat einer von ihnen einen Verdacht, kann er ihn äußern; sollte er jedoch einen „Unschuldigen" beschuldigt haben, muß er aus der Spielrunde ausscheiden.

● **Pyramidentreffen**
Aus leeren Joghurtbechern wird eine Pyramide aufgebaut (auf einem Tisch oder einem anderen erhöhten Gegenstand). Mit einem Tennisball soll versucht werden, die Becher abzuwerfen und – wenn es glückt – die ganze Pyramide zum Einsturz zu bringen (vorher den Abstand zur Pyramide festlegen).

- **Bälle fangen**

  Jeder erhält einen Joghurtbecher und einen Tischtennis-ball. Der Ball soll aus dem Becher hochgeworfen und auch wieder mit ihm aufgefangen werden.

  Vor dem Auffangen kann man den Ball auch auf den Boden springen lassen und dann erst auffangen.

  Mit zwei Joghurtbechern kann man den Ball auch im hohen Bogen durch die Luft von dem einen in den anderen Becher werfen.

- **Ballslalom**

  In einem langen Raum (Flur) wird eine Slalomstrecke mit Töpfen oder Plastikschüsseln aufgebaut. Ein Tennisball soll mit einem langen Kochlöffel (oder auch mit dem Fuß oder der Hand) um die Hindernisse herumgerollt werden. Eventuell können bei diesem Spiel auch zwei Kinder von vorne und hinten gleichzeitig starten. Kommen beide Mitspieler mit ihren Bällen aneinander vorbei, ohne sich zu berühren?

- **Wäschestaffel**

  Quer durch den Raum sind in Reichhöhe der Kinder zwei Schnüre gespannt. Die Kinder werden in zwei Gruppen eingeteilt. Jede Gruppe erhält einen Korb mit ungefähr fünf Wäschestücken (für jedes Kind ein Wäschestück) und zehn Wäscheklammern. Der Reihe nach hüpft nun jeweils ein Teilnehmer jeder Gruppe (mit einem Kleidungsstück und zwei Klammern) auf einem Bein zu der Leine, hängt die Wäsche auf, hüpft auf dem anderen Bein wieder zurück und schlägt den nächsten aus der Gruppe ab. Welche Gruppe ist zuerst fertig?

- **Luftballonspiele**

  Jedes Kind erhält einen Luftballon. Sie sollen hochgespielt werden, ohne daß sie auf dem Boden aufkommen.

  Die Ballons können auch mit verschiedenen Körperteilen (mit einem Finger, mit dem Ellbogen, dem Knie, dem Kopf) angestoßen werden.

● **Ballons balancieren**
Die Ballons können auf verschiedenen Körperteilen balanciert werden. Jeweils zwei Kinder können auch versuchen, einen Ballon zu tragen, ohne die Hände zu benutzen (Rücken an Rücken stehen oder den Ballon jeweils mit der Stirn festhalten).

● **Hindernisparcours**
Ein Hindernisparcours wird aus Stühlen, Kissen und Polsterelementen aufgebaut. Über diese Strecke soll ein Luftballon transportiert werden, er darf allerdings nur mit den Händen hochgespielt werden und soll bei dem Durchgang nicht den Boden berühren.
Variation:
Zwei Kinder halten den Ballon jeweils mit einer Fingerspitze und überwinden gemeinsam die Hindernisstrecke.

● **Ballon über die Schnur**
Quer durch den Raum ist eine Schnur gespannt. Die Kinder stehen in zwei Gruppen auf beiden Seiten verteilt und spielen einen Luftballon hin und her über die Schnur.

● **Klingende Ballons**
In die Luftballons werden kleine Glöckchen, Federn oder Perlen gesteckt.
Werden die Ballons nun aufgepustet, sieht man die innenliegenden Gegenstände, vor allem aber kann man sie hören, wenn die Ballons hochgespielt werden.

● **Luftballontanz**
Zu einer rhythmischen Musik („Popcorn" oder andere rhythmische Stücke, die Impulse zum Antippen des Ballons geben) werden die Ballons (mindestens ebenso viele wie Kinder da sind) mit den Fingerspitzen angetippt und so in der Luft gehalten. Anstelle der Fingerspitzen können die Kinder sich selbst Signale geben, welche Körperteile nun dran sind: Nasenspitze, Ellbogen, großer Zeh usw.).

● **Mit Musik: Kinderdisco**
In der Geburtstagsdisco geht es etwas anders zu als in der
üblichen Disco: Hier wird nicht nur herumgestanden und
sich auf engem Raum monoton und wippend zur Musik
bewegt. Hier ist richtig was los: Flatternde Tücher, tan-
zende Ballons, da können die Kinder ihren Bewegungsdrang loswerden, aber auch Phantasie entwickeln und ver-
rückte Ideen in Bewegung ausprobieren:

● **Flatternde Tücher**
Für jedes Kind wird ein dünnes Tuch gebraucht (Chif-
fontücher, Seidenschals, dünne Kopftücher lassen sich bestimmt im eigenen Haushalt finden. Wenn nicht, kann
man sie sich ausleihen oder die Kinder in der Einladung
bitten, eins mitzubringen). Nach dem Rhythmus der Musik läßt man das Tuch in der Luft tanzen. Es kann auf- und
abgeschwungen, wellenförmig hin- und herbewegt oder in
Form einer Acht geschwungen werden.
Zwei Kinder können auch ausprobieren, ob sie sich die
Tücher gegenseitig zuwerfen können.
Als Musik eignet sich zum Beispiel getragene elektroni-
sche Musik (für ältere Kinder), aber auch klassische Musik
(die Moldau, Donauwellen) oder auch Folklore (israelische
Folklore).

● **Schlittschuhlaufen**
Gibt es in der Wohnung eine glatte, rutschige Bodenfläche
(Steinfußboden im Flur, Kunststoffbeläge, Holzdielen, Par-
kettboden), kann man sogar mitten im Sommer zum
Schlittschuhlaufen gehen. Teppiche werden weggeräumt,
jedes Kind erhält zwei Staubtücher, die es sich unter die
Schuhsohlen legt, und dann wird geschlittert. Wie auf ei-
ner richtigen Schlittschuhbahn gibt's dazu Musik: die „Pe-
tersburger Schlittenfahrt", den Schneewalzer oder andere
Musikstücke, zu denen man langgezogene, gleitende
Schritte, Drehungen und andere Kunststücke ausführen
kann.

● **Kuscheltiertrampolin**

Kann das Geburtstagsfest draußen auf einer Wiese oder auf dem Hof stattfinden, bringen auch einfache Materialien wie zum Beispiel ein Vogelschutznetz neue Spielideen für die gesamte Gruppe:

Alle Kinder stehen um das Vogelschutznetz herum und halten es am Rand mit den Händen fest. Auf das Netz werden Luftballons gelegt, die durch leichtes Straffziehen des Netzes hochfliegen.

Viel Spaß bereitet es auch, wenn ein Kuscheltier auf das Netz gelegt und gemeinsam hochgeworfen wird. Jedes Kuscheltier springt oder fliegt anders: Manche springen wie auf einem Trampolin, drehen sich dabei und machen mehrere Salti hintereinander.

Die Kuscheltiere dürfen allerdings nicht zu schwer sein; manchmal können auch zwei gemeinsam „springen".

## Nachbarschafts- und Straßenfeste

Meist sind Straßenfeste Angelegenheiten der Erwachsenen. Getränke- und Eßstände bestimmen das Bild, für die Kinder steht allenfalls eine Torwand oder vielleicht sogar eine kostspielige Hüpfburg zur Verfügung.

Jüngere und Ältere, Kinder, Jugendliche, Erwachsene, Großeltern zusammenzubringen, ist das Ziel folgender Spielvorschläge.

Bewußt werden hier keine Beispiele etwa für Familienolympiaden gegeben, denn bei Straßenfesten sollen ja auch Bewohner der Straße mitmachen, die keine Kinder haben und sich doch am gemeinsamen Spiel beteiligen wollen.

Bei folgenden Spielen geht es also bunt gemischt zu: Mal spielen die Erwachsenen gegen die Kinder, mal bilden Erwachsene und Kinder eine gemeinsame Mannschaft, und manchmal ist das Spiel der Kinder eben nur durch die Zusammenarbeit mit Erwachsenen möglich.

● **Inselspringen**

Hierbei können Kinder und Erwachsene gemeinsam mit- bzw. gegeneinander spielen.

Die Straße stellt bei diesem Spiel einen großen seichten Fluß dar, den die Mitspieler mit Hilfe von kleinen Stein- inseln überqueren sollen. Als Steininseln werden Papptel- ler oder Bierdeckel oder Fußmatten benutzt (je kleiner die Fläche, um so schwieriger wird das Spiel).

An einer Straßenseite wird gestartet, jeder Mitspieler hat zwei „Inseln". Auf einer steht er, die andere hat er in der Hand und wirft sie so weit vor sich hin, daß er auf sie springen und die hinter sich liegende Insel mit den Händen wieder aufgreifen kann.

Wer erreicht auf diesem Weg die andere „Uferseite" am schnellsten?

● **Schrubberpacken**

Jeder Teilnehmer an diesem Spiel muß einen Besen oder Schrubber mitbringen. Alle stellen sich im Kreis auf, hal- ten den Besenstiel in der rechten Hand. Auf ein Kommando des Spielleiters „rechts" oder „links" läßt jeder seinen Be- sen los und greift den des rechten oder linken Nachbarn.

Die Kommandos können plötzlich und hintereinander kommen.

Zur Erschwerung können auch Zahlen aufgerufen werden: Bei „Eins" ergreift jeder den nächsten Besen, bei „Zwei" den übernächsten und bei „Drei" den drittnächsten.

Bei diesem Spiel gibt es keine Gewinner und Verlierer, wer den Besenstiel fallengelassen hat muß nicht ausscheiden, er hebt ihn auf und spielt einfach weiter mit. Das Ziel be- steht für die ganze Gruppe darin, bei steigendem Schwie- rigkeitsgrad möglichst viele Spieldurchgänge zu schaffen, ohne daß ein Stab hinfällt.

● **Rückenaufzug**

Mehrere Mitspieler stehen mit dem Rücken zueinander in einem Kreis.

Sie haken sich mit den Armen ein und sollen sich nun gemeinsam hinsetzen, ohne daß sich die Arme lösen.
Sobald sie sitzen, versuchen sie, gemeinsam auch wieder aufzustehen.

● **Nachbarschaftsknoten**
Alle Mitspieler stellen sich dicht nebeneinander zu einem Kreis auf (Gesichter sind zueinandergedreht). Sie strecken die Arme zur Mitte und reichen ihre Hände jeweils einem anderen Mitspieler, nur nicht ihrem nebenstehenden Nachbarn. Dadurch entsteht ein verworrener Knoten, der nun wieder aufgelöst werden soll, ohne daß die Hände gelöst werden müssen. Dabei ist es erforderlich, daß manche Mitspieler über die Arme der anderen steigen oder sich unter ihnen hindurchwinden. Am Ende stehen alle wieder in einem großen oder vielleicht auch in zwei kleinen Kreisen.

# 9. Wenn aus Spiel und Bewegung Sport wird

Sind die freien Bewegungsspiele der Kinder bereits Sport oder ist Sport nur mit regelmäßigem Üben und Trainieren möglich? Wann sollen Kinder in einen Sportverein eintreten, und welche Sportart ist für sie am besten geeignet? Sollten sie schon im Vorschulalter Fußball oder Tennis spielen, am Judo oder Schwimmen im Verein teilnehmen? „Früh übt sich, was ein Meister werden will" heißt es – aber sind nicht manche Sportarten für die Gesundheit der Kinder auch schädlich, und sollte man nicht überhaupt erst ab einer bestimmten Altersstufe mit spezifischen Sportarten beginnen?

Diese Fragen stellen sich Eltern heute immer früher, denn das Angebot in Sportvereinen, Sportclubs und bei privaten Sportanbietern, bei Ballett- und Tanzschulen ist groß. Nicht immer stehen hier die Belange der Kinder im Vordergrund, manchmal sind auch wirtschaftliche Interessen der Grund dafür, daß immer früher auch Kinder angeworben werden. Wenn also im Fitnesstudio Kinder-Aerobic angeboten wird, ist dies nicht automatisch mit einer besonders kinderfreundlichen Initiative gleichzusetzen.

Obwohl es in vielen Sportarten bereits Gruppen für die Jüngsten (Minikicker, Minihandballer, „Pampers-Liga") gibt, sollten Eltern sich genau über die Qualität der Angebote informieren. Nicht immer nämlich ist die Sportart selbst entscheidend: Vielmehr ist das „Wie" ausschlaggebend: Wie der Übungsleiter und die Übungsleiterin das Angebot gestalten, ob sie fähig sind, wirklich kindgemäß zu arbeiten und auf die Wünsche und Bedürfnisse der Kinder einzugehen.

Kinder richten sich bei ihren Wünschen oft nach aktuellen Trends und Idolen (Tennis oder Fußball) oder wollen das machen, was auch ihre Freunde tun. Als „Sport" verstehen sie im allgemeinen das, was im Fernsehen als Sport gilt, worüber in der Zeitung berichtet wird und was mit Wettkämpfen verbunden ist.

Dabei ist es ganz wichtig, daß Kinder erst einmal vielfältige Erfahrungen mit ihrem Körper machen sollten, bevor sie sich einer bestimmten Sportart zuwenden. In der Regel ist eine Spezialisierung und Konzentration auf eine Sportart nicht vor dem 8./9 Lebensjahr sinnvoll.

Deswegen ist es auch völlig unproblematisch, wenn Kinder zuerst einmal viel ausprobieren wollen, mal beim Fußball mitmachen, dann doch lieber in einen Schwimmverein wollen und einen Monat später zu den Handballminis wechseln, weil dort eben der beste Freund auch ist.

Kinder sind zunächst unsicher, wissen noch nicht, ob ihnen die Sportart auf Dauer auch wirklich Spaß macht, ob sie von ihren körperlichen Voraussetzungen hierfür geeignet sind und ob sie mit dem Übungsleiter oder der Übungsleiterin und der Gruppe zurechtkommen. Ein paar Schnupperstunden können Aufschluß über all diese Fragen geben und dem Kind die Qual der Wahl erleichtern. Deswegen sollte vor der endgültigen Anmeldung in einem Verein auch mit dem Übungsleiter vereinbart werden, daß das Kind erst einmal einige Stunden zur Probe mitmachen darf.

Eltern sollten sich – wenn möglich – die Zeit nehmen, die ersten Übungsstunden mit dem Kind gemeinsam zu besuchen. So können sie sich am ehesten ein Bild darüber machen, ob das Angebot kindgemäß ist oder ein vorgezogenes Erwachsenentraining darstellt.

Drillmethoden, Bloßstellen schwächerer Leistungen und dauernde Vergleiche zwischen den Kindern gehören nicht in ein Sportangebot für Kinder. Hier können Kinder sich nicht wohl fühlen und eine gute Einstellung zu sich selbst und ihrer körperlichen Leistungsfähigkeit entwickeln. Aber auch lange Warteschlangen vor den Geräten, ausschließliches Bahnenschwimmen oder eine zu strenge Disziplin beim Ballettunterricht können dem Kind den Spaß an der Bewegung eher verderben. Auf jeden Fall sollte ein fröhlicher, freundlicher Umgangston herrschen.

Noch sind auch alle Formen des Leistungssports mit regelmäßigen Ausscheidungsturnieren, Wettkämpfen usw. abzulehnen. Zwar ist in den meisten Sportarten eine Teilnahme am offiziellen Wettkampfsport erst ab einer bestimmten Altersgrenze möglich, aber es gibt auch für jüngere Kinder bereits in einigen Sportarten wettkampfähnliche Turniere und Talentsichtungen.

## Welcher Sport ab welchem Alter?

Im folgenden werden einige für Kinder geeignete Sport- und Bewegungsangebote vorgestellt und ihre besonderen Anforderungen besprochen.

### „Kinderturnen"

Organisierte Bewegungsangebote – in spielerischer Form – in Vereinen gibt es bereits für Kinder ab dem 1./2. Lebensjahr: In Eltern-Kind-Gruppen „turnen" Kinder gemeinsam mit ihren Eltern. Früher hießen diese Angebote „Mutter-Kind-Turnen". Da sich aber zunehmend auch Väter daran beteiligen, hat man die Bezeichnung abgeändert.

Diese Angebote werden gerne von jungen Familien genutzt, da sie neben vielfältigen Bewegungserlebnissen (für Kinder und Eltern) auch die Möglichkeit geselliger Kontakte und der Kommunikation innerhalb der Gruppe der Eltern und der Kinder geben.

Eltern sind hier einerseits Partner und Spielgefährten des Kindes, andererseits sind sie Helfer und Vertraute, die in ungewohnten Situationen Zuflucht und Beistand geben, Mut machen und bei Bedarf auch trösten können. Bei den gemeinsamen Betätigungen mit ihren Kindern haben die Eltern die Chance, ihr Kind aus einer neuen Perspektive kennenzulernen, es im Spiel mit anderen zu erleben, ihm Vertrauen bei der Eroberung neuer Bewegungsräume und damit auch bei der Erweiterung seines Handlungsspielraumes zu geben.

An die Eltern-Kind-Gruppen schließt sich das „Kinderturnen" an. Unter dieser Sammelbezeichnung werden unterschiedliche – meist auf die Altersstufen der Vier- bis Sechsjährigen und der Sieben- bis Neunjährigen (oder auch noch ältere) abgestimmten Angebote verstanden, in denen die Kinder je nach örtlichen und räumlichen Gegebenheiten neben dem spielerischen Bewegen an und mit den Geräten in einer Turnhalle zum Teil auch Schwimmen und leichtathletische Grundbewegungsformen kennenlernen.

**Turnen am Boden und an Geräten**
Beim Geräteturnen für Kinder werden meist keine kleinen Leistungsturner gezüchtet, sondern eine ganz allgemeine Körper- und Bewegungsbeherrschung geübt. Das Turnen am Boden und an Geräten fördert Beweglichkeit und Gelenkigkeit und stellt aufgrund seiner Vielseitigkeit gerade für jüngere Kinder eine gute Basis ihrer körperlichen Ausbildung dar. Erlebnisse des Schwingens, Springens, Rollens, Stützens, Drehens, Fliegens und Überschlagens sind in keiner anderen Sportart so vielseitig und mit so neuen Körpererfahrungen verbunden.

Das Turnen steht allerdings – vor allem in der Schule – im Ruf, nicht mehr so attraktiv zu sein wie zum Beispiel die Mannschaftssportarten. Diese sind in den Medien stärker vertreten, sie versprechen auch schnelleren Erfolg und sind leichter zu erlernen als etwa ein Handstand oder ein Rad.

Trotzdem – das Boden- und Geräteturnen ist heute viel mehr als nur ein starres Einüben von Fertigkeiten aus dem Wettkampfturnen. Manchmal sind Turnhallen mit Kletterwänden und vielen Schaukelgeräten ausgestattet. Im „Abenteuerturnen" wird das Balancieren über wacklige Balken und schmale Stege zum risikoreichen Überwinden eines reißenden Flusses, im Turnzirkus können Kunststücke erprobt und vorgeführt werden.

Bei solchen Gelegenheiten verbessern Kinder ihre Koordinations- und Gleichgewichtsfähigkeit, sie erwerben Körperbeherrschung und Geschicklichkeit, die bei fast allen sportlichen Anforderungen eine wichtige Rolle spielen. Daher wird Kindern durch diese breit gefächerte Sportart eine hervorragende Grundlage für jede weitere sportliche Anforderung vermittelt.

## Leichtathletik

Laufen, Springen, Werfen – diese Grundformen der Bewegung sind auch die Grundlage der Leichtathletik. Hier geht es jedoch nicht – wie beim freien Bewegungsspiel des Kindes – darum, die Vielfalt des Werfens (einen Gegenstand wegwerfen, ein Ziel treffen, jemandem einen Ball zuwerfen usw.) zu erproben, damit zu experimentieren und neue ungewohnte Formen des Werfens zu finden, sondern es geht vor allem darum, möglichst weit zu werfen (mit dem Schlagball, dem Speer, die Kugel zu stoßen). Auch das Laufen und Springen – von den Kindern selbst im Laufe ihrer ersten Lebensjahre unzählige Male wiederholt, variiert, erprobt und geübt – wird in der Leichtathletik unter das Motto „schneller, höher, weiter" gestellt. Aus dem Springen über Pfützen und dem Überqueren von Gräben wird nun ein Weitspringen, bei dem den Kindern auch Hilfen zum Erwerb einer speziellen Sprungtechnik gegeben werden.

Schnell gerät dabei der Leistungsvergleich und der sportliche Wettkampf in den Vordergrund. Wettkämpfe sind für Kinder im Grundschulalter nur eingeschränkt geeignet – sofern sie in spielerischer Form oder als spezielles Sportfest nur für Kinder ablaufen. Keinesfalls sollte das Kind das Gefühl erhalten, daß nicht der Spaß an der Bewegung, sondern die Leistung zählt und daß von ihm eine immer höhere Leistung erwartet wird.

## Schwimmen – Baden und Planschen im Wasser

Sich im Wasser bewegen bedeutet für die meisten Kinder ein sinnliches Vergnügen. Ob sie schwimmen können oder nicht, spielt dabei zunächst keine Rolle. Viele Eltern sehen das Schwimmenlernen jedoch als das Ziel des Aufenthalts im Wasser an. Schon früh werden Kinder deswegen in Schwimmkursen angemeldet, und **der** Schwimmverein wird am positivsten beurteilt, in dem die Kinder am schnellsten das Seepferdchen oder den Freischwimmschein erreichen.

Kinder sollten im Wasser immer neben dem Erlernen bestimmter Schwimmtechniken auch viel Gelegenheit haben, zu tauchen, zu springen, mit Flossen zu gleiten, zu spritzen und zu planschen. Das Schwimmenlernen gelingt um so besser, je vertrauter Kinder mit dem Wasser sind, je weniger Angst sie haben, je mehr sie im Wasser spielen durften. Zwar können bereits zwei bis dreijährige Kinder schwimmen lernen, sinnvoll ist aber eine Teilnahme an einem Schwimmkurs frühestens ab fünf Jahren. Das Schwimmenlernen fällt den Kindern am leichtesten im Alter zwischen fünf und sieben Jahren. Sie verstehen die Hinweise zur Arm- und Beinbewegung jetzt sehr viel schneller und können auch die Atmung besser regulieren. Aber auch in einem Schwimmkurs sollte den Kindern Zeit gegeben werden, in ihrem eigenen Tempo zu lernen. Manche Kinder schaffen es bereits nach zehn Stunden, sich mit koordinierten Arm- und Beinbewegungen ein paar Schwimmzüge über Wasser zu halten, andere brauchen dazu ein halbes Jahr. Das Wichtigste beim Schwimmenlernen ist die Geduld der Erwachsenen. Keineswegs sollte man dem manchmal zu hörenden Ratschlag folgen und die Kinder – nachdem sie mit den Grundlagen der Schwimmbewegung vertraut gemacht worden sind – einfach ins Wasser „werfen", damit sie gezwungen sind, nun diese Schwimmtechnik auch anzuwenden. Mit einer solchen Methode wird das Kind zwar aus Überlebensnot tatsächlich an den Rand des Schwimmbeckens gelangen, es wird in der Regel jedoch eine solche Angst entwickeln, daß es nie wieder mit Freude ins Wasser gehen wird.

Der Eintritt in einen Schwimmverein ist meist mit dem Absolvieren der Anforderungen für verschiedene Schwimmabzeichen verknüpft. Hier erwerben Kinder die Fähigkeiten im Streckenschwimmen, Tief- und Streckentauchen, in verschiedenen Schwimmlagen. Zwar ist gegen diese Anleitung zur Verbesserung der eigenen Schwimmtechnik nichts einzu-

wenden, zumindesten nicht, solange Kinder in den Übungsstunden zusätzlich auch noch Gelegenheit haben, im Wasser
zu spielen, ohne Leistungsansprüche zu tauchen, zu rutschen
und zu springen. Diese Tätigkeiten und Erfahrungen entsprechen dem Bedürfnis der Kinder, sich im Wasser zu bewegen und sollten nicht ganz dem Erwerb von Schwimmtechniken und dem Bahnenschwimmen zur Verbesserung der
Leistung geopfert werden. Wenn Kinder also den Wunsch
äußern, einem Schwimmverein beizutreten, sollten Eltern
sich auch davon überzeugen, wie die Übungsstunden ablaufen
und dem Kind die Möglichkeit eröffnen, zunächst ein paar
Stunden zur Probe mitzumachen.

## Tennis, Tischtennis, Federball und andere Rückschlagspiele

Anders als bei den Mannschaftssportarten ist bei den Rückschlagspielen jeder Spieler für seinen Erfolg selbst verantwortlich. Die Idee, einen Ball hin- und herzuspielen und dazu
unterschiedliche „Schlaginstrumente" zu benutzen (Tisch-
tennisschläger, Tennisschläger, Federballschläger oder Holz-
bretter), kann zu mehr oder weniger reglementierten Spielen
führen. So gibt es vom Beachball bis zum Tennis verschiedene
Formen der Rückschlagspiele, die trotz der generell gleichen
Spielidee doch unterschiedliche Formen der Spielperfektion
nach sich ziehen.

Das Tennisfieber hat bereits manche Fünfjährige gepackt.
Oder sind es die Eltern, die in ihrem Sohn, ihrer Tochter einen
kleinen Boris Becker oder die zukünftige Steffi Graf sehen?

Tennisspielen stellt hohe Anforderungen an die Koordination von Hand und Auge, der Ball muß mit dem Schläger
als „verlängertem Arm" genau getroffen und zielgerichtet
zurückgeschlagen werden. Das Kind muß den meist mit ho-
her Geschwindigkeit ankommenden Ball wahrnehmen und
seine Bewegungen darauf einstellen. Daher ist es hilfreich,
anfangs anstelle der normalen Tennisbälle dickere, weiche
Schaumstoffbälle (Softbälle) zu benutzen. Sie sind in ihrem
Flugverhalten langsamer, leichter zurückzuschlagen und

aufgrund ihrer Größe zudem besser mit den Augen zu verfolgen.

Tennis ist eine recht kostspielige, kommerzialisierte Sportart, bei der finanzielle Überlegungen viel mehr im Vordergrund stehen als bei Sportarten, die man in einer Gruppe oder in einem Verein ausüben kann. In Tennisvereinen und Clubs werden auch für Kinder Beiträge verlangt, die in der Regel weit über denen eines Sportvereins liegen. Hinzu kommen Trainerstunden, die zwar meist in kleinen Gruppen gegeben werden, aber dennoch den Einstieg in diese Sportart sehr verteuern.

Zu den sogenannten Rückschlagspielen gehört auch Tischtennis. Der kleine schnelle Ball ist jedoch von Kindern meist nur schwer zu verfolgen. Frühestens ab dem Schulalter sind sie in der Lage, den Ball gemeinsam mit einem Erwachsenen hin- und herzuspielen.

Einfacher und bewegungsreicher geht es beim Federballspiel zu. Da es außer zwei Schlägern (für Kinder gibt es Schläger mit kürzeren Griffen und einer größeren Netzfläche) und einem „Federball" keiner besonderen räumlichen oder materiellen Voraussetzungen bedarf, eignet es sich gut als „Familiensport", den man auf jeder Wiese, im Schwimmbad oder vor der Haustür ausüben kann. Bei jüngeren Kinder, die noch Schwierigkeiten haben, den „Federball" zu erwischen, kann dieser übrigens sehr gut durch einen Luftballon ersetzt werden. Wenn man dabei den Schläger durch eine Fliegenpatsche ersetzt, wird daraus ein lustiges „Fliegenpatschen-Federballspiel".

Hierbei üben die Kinder bereits alle Fähigkeiten, die bei allen „Rückschlagspielen" gebraucht werden. Da es bei den Rückschlagspielen nicht allein auf die Kraft oder die Schnelligkeit des Spielers, sondern vor allem auf seine Geschicklichkeit und Reaktionsfähigkeit ankommt, haben hierbei auch ansonsten (scheinbar) weniger sportliche Kinder eine Chance.

Für Beachball gilt ebenso wie für Tennis und die anderen Rückschlagspiele, daß nicht zu früh mit Wettkampfformen begonnen werden sollte. Kooperation kann ein genauso wichtiges Ziel des gemeinsamen Spielens sein wie Konkurrenz. Also das Spiel nicht so aufbauen, daß man den Gegner möglichst schnell besiegt und damit viele Punkte macht, indem man ihn mit geschickten Schlägen austrickst, sondern versuchen, den Ball so lange wie möglich in der Luft zu halten, ihn nicht auf den Boden fallen zu lassen, einen eigenen Rekord in der Anzahl der Hin- und Herschläge aufzustellen.

Die in den vorhergehenden Praxisbeispielen beschriebenen Spiele „Fliegenpatschen–Federball" oder „Kochlöffelhockey" stellen – wenn man so will – bereits Vorübungen oder aber lustige Abwandlungen der Rückschlagspiele dar. Sie sollten aber nicht mit zu großem Ernst und mit Blick auf die Tenniskarriere der Tochter oder des Sohnes betrieben werden. Ihr Reiz liegt vielmehr in den vielen Spielvariationen, die mit diesen „Geräten" erfunden werden können.

### Fußball, Handball, Basketball

Mannschaftssportarten wie Fußball oder Handball sind von jeher vor allem bei Jungen beliebt. Fast jeder Junge träumt einmal davon, ein großer Fußballstar zu werden und möchte Mitglied in einem Fußballverein sein. Dabei eignen sich längst nicht alle Kinder dazu, in einer Mannschaftssportart mitzumachen, in der es zwar auch um das Zusammenspiel, vor allem aber um Leistung, Tore und Durchsetzungsvermögen geht und wo manchmal ein recht rauher Umgangston herrscht. Mittlerweile werden auch Mädchen in die Fußballmannschaften aufgenommen.

Beim Fußball und auch beim Handball sind neben dem geschickten Umgang mit dem Ball vor allem auch Laufleistungen und Orientierung auf dem Spielfeld gefragt. Es schult die Kondition und Ausdauer und wirkt sich damit auch positiv auf das Herz-Kreislauf-System der Kinder aus. Auch der regelmäßige Aufenthalt in frischer Luft hat gesundheitsfördernde Wirkungen.

Das Spiel mit dem Ball fasziniert bereits Kleinkinder, aber nicht jedes Kicken des Balles, jeder „Schuß" auf ein selbstgebasteltes Tor müssen schon als Vorstufe zum Fußballspiel gesehen werden. Eltern sollten sich darüber klar sein, daß der Eintritt in einen Fußballverein das Familienleben sehr stark beeinflussen kann. Fußballvereine haben meistens bereits für Fünfjährige Trainingsgruppen, und nicht selten werden bereits in der „Pampers-Liga" Punktespiele und Wettkämpfe – wenn auch unter vereinfachten Bedingungen – ausgetragen. Wie in der Bundesliga finden dann regelmäßig am Wochenende Wettkämpfe statt. Diese „Termine" werden nur in einer fußballbegeisterten Familie ohne Konflikte zu bewältigen sein, denn jüngere Kinder brauchen bei diesen Turnieren und Punktespielen unbedingt die Begleitung ihrer Eltern.

## Ballett und Tanzen

Was für viele Jungen der Traum vom Fußballstar, ist für die Mädchen der Traum von der Ballerina.

So haben denn auch die (meist privaten) Ballettschulen regen Zulauf. Schon die Vierjährigen, meist sind es dabei nur Mädchen, fühlen sich zu tänzerischen Bewegungsformen hingezogen.

Beim klassischen Ballett beginnt das Training für Kinder zwar noch nicht auf Spitzenschuhen, aber es findet doch eine zielgerichtete Hinführung zu den Techniken des Klassischen Tanzes statt. Dazu gehören das Training an der Stange (Exercise) und die Kräftigung der Beinmuskulatur in verschiedenen Positionen. Eine strenge Trainingsdisziplin, feste Bewegungsvorgaben, manchmal auch Vorschriften für Kleidung und Haarfrisur lassen den Kindern nicht viel Spielraum für eigene Ideen und für spielerisch-rhythmische Bewegungen. Manche Ballettschulen machen jüngeren Kindern allerdings auch weniger streng organisierte Angebote, bei denen die spielerische Bewegung zur Musik im Vordergrund steht.

Eltern von ballettbegeisterten Kindern sollten deswegen auf jeden Fall auch hier Erkundigungen über die Vermittlungsweisen und Ziele der Ballettschulen einholen und die Kinder bei den ersten Besuchen begleiten, denn zu viel Drill und Disziplin läßt den Kindern den Spaß am Tanzen schnell vergehen.

In der richtigen Form angeleitet, kann Ballett jedoch die Körperhaltung und Bewegungsentwicklung der Kinder sehr positiv

beeinflussen. Hier üben sie eine gute Körperhaltung, es wird viel Wert auf Körperspannung gelegt und eine sichere Balance in Verbindung mit kontrollierten Bewegungen angestrebt.

Tanzen auf Spitzenschuhen birgt die Gefahr, Fußdeformationenen zu bewirken. Außerdem erfordert der Spitzentanz eine große Trainingsdisziplin und wird nur den Tänzerinnen vorbehalten bleiben, die über mehrere Jahre bei dieser Tanzart bleiben und sie intensiv und regelmäßig ausüben.

Sich im Rhythmus der Musik zu bewegen und dabei die eigene körperliche Ausdrucksfähigkeit kennenzulernen und weiterzuentwickeln, ist Ziel jeglichen **Tanzens mit Kindern.** Musik löst bei Kindern unmittelbar Bewegung aus. Bereits Ein- bis Zweijährige – kaum können sie aufrecht stehen und frei laufen – wippen mit ihrem Körper, wenn sie rhythmische Musik hören, drehen sich um die eigene Achse und klatschen spontan in die Hände. Kinder reagieren äußerst unbefangen und kreativ auf rhythmische Impulse.

In Naturgesellschaften, in denen Tanz zum alltäglichen Leben gehört, wachsen Kinder bereits im Mutterleib mit dem Tanz auf. Auch als Kleinkinder sind sie immer dabei, wenn getanzt wird. Sie schauen den Erwachsenen zu, ahmen sie nach, machen mit. Sie übernehmen Bewegungsformen und Tanzfiguren, passen sie ihren Möglichkeiten an und geben sie als Ältere wieder an Jüngere weiter.

In unserer zivilisierten Gesellschaft übernehmen Institutionen die Aufgabe der Heranführung von Kindern an das Tanzen. Kindergärten, Vereine und Schulen stellen wichtige Orte dar, an denen sie tanzen lernen und sich dabei auch in verschiedenen Stilrichtungen üben.

Die Angebote reichen von speziell für Kinder entwickelten Tänzen oder Tanzspielen bis hin zu einfachen Volkstänzen, die aber auf den einfachen Alltagsbewegungen der Kinder (gehen, laufen, hüpfen in verschiedenen Raumwegen und Richtungen) aufbauen.

Immer sollte den Kindern beim Tanzen genügend Spielraum zur Entwicklung eigener Ideen und zur Verwirklichung eigener Vorstellungen gegeben werden.

Tanzen kann man jedoch nicht nur in Vereinen, Tanzschulen oder in pädagogischen Einrichtungen. Auch zu Hause freuen sich die Kinder darüber, wenn Vater oder Mutter sich mit ihnen zur Musik bewegen, wenn sie sie an der Hand nehmen, gemeinsam den Rhythmus eines Liedes mitklatschen oder springen und hüpfen (auch bei Geburtstagsfesten kann man mit Kindern eine Polonaise, einen Schlangentanz ausprobieren oder eine Kinderdisco durchführen – vgl. Kap. 8).

Tanzen ist nicht nur eine Bewegungsform für Mädchen; haben Jungen früh genug Zugang zur rhythmischen Bewegung, werden sie das Tanzen später auch nicht einfach als „Mädchenkram" ablehnen.

Tanzen schult das Rhythmusgefühl, fördert das Koordinationsvermögen und trägt zu einer harmonischen Bewegungsentwicklung bei; es fördert die körperliche Ausdrucksfähigkeit, und deshalb sollte es Jungen wie Mädchen gleichermaßen offenstehen.

### Judo – Nach Regeln kämpfen und sich verteidigen

Seit in Fernsehserien Teakwondo, Jiu-Jitsu und Karate Hochkonjunktur haben, streben auch Kinder danach, es den Fernsehhelden gleichzutun, um sich gegen vermeintliche Gegner durch eine Kampfsportausbildung verteidigen zu können. Für Kinder im Grundschulalter sind diese Kampfsportarten noch nicht zu empfehlen. Eine Ausnahme macht hierbei das Judo, es ist von allen Kampfsportarten die am wenigsten aggressive Form. Die Ausbildung zielt nicht darauf ab, einen Gegner mit präzisen, harten Schlägen möglichst schnell kampfunfähig zu machen. Angestrebt wird vielmehr ein sportlicher Zweikampf nach Regeln, wobei der Gegner nicht verletzt werden darf, sondern aus dem Gleichgewicht beziehungsweise „auf die Matte" gebracht werden soll. Die Ausbildung im Judo umfaßt Wurftechniken, Angriffs- und Verteidigungsgriffe und erfordert eine hohe Körperbeherrschung. Vor allem Kinder, die ihre Körperkräfte nicht gut steuern können, haben beim Judotraining die Chance, mehr Kontrolle über die eigenen Bewegungen zu erlangen. Sie lernen ihre Kraft besser einzuschätzen und zu dosieren. Aber auch für ängstliche, schwächere Kinder kann Judo ein Weg zum Gewinn von mehr Durchsetzungsvermögen und Selbstbewußtsein bedeuten.

Allerdings sollte den kleinen Judoka auch bewußt sein, daß sie nur im äußersten Notfall Judogriffe als Abwehr- und Verteidigungsmaßnahmen einsetzen dürfen. Keinesfalls dürfen sie bei Streitereien mit Klassenkameraden ihre körperliche Überlegenheit mit Judotechniken beweisen, um so Macht und Stärke über die anderen zu erlangen. Ein sportlicher Zweikampf ist nur dann fair, wenn beide Partner über entsprechende Techniken verfügen und auch in ihren körperlichen Voraussetzungen vergleichbar sind (deswegen gibt es beim Judo auch verschiedene Gewichtsklassen).

## Vielseitigkeit statt Spezialisierung

Welche Sportart für welches Kind geeignet ist, wird vor allem von den Kindern selbst entschieden. Oft wählen sie eine Sportart auch nur deswegen aus, weil sie dem Vorbild anderer (Eltern, Freunde Fernsehidole) nacheifern oder weil es im Ort eben nur den Fußballverein gibt.

Unabhängig von der Auswahl des Sportangebotes gilt: Einseitigkeit in der Auswahl und Ausübung von Sportarten ist bei Kindern allgemein abzulehnen. Je vielfältiger das Angebot ist (auch in einer einzelnen Sportart muß nicht allein die jeweilige Fertigkeit oder das Trainieren einer Technik im Vordergrund stehen, auch hier können Spiele und abwechslungsreiche Übungsformen durchgeführt werden), um so besser ist dies für die Entwicklung des Kindes. Es ist also ein Zeichen von Qualität und pädagogischer Eignung, wenn Fußballtrainer und Judo-Übungsleiter nicht nur Ballpässe und Wurftechniken einüben, sondern auch lustige Fangspiele oder Reaktionsübungen einbauen. So lernen Kinder, daß Sport nicht nur auf einzelne Bewegungsformen beschränkt ist, sondern höchst unterschiedliche Formen der körperlichen Auseinandersetzung umfaßt.

Folgende Kriterien sollten neben der Sportart selbst bei der Auswahl der Übungsgruppen eine Rolle spielen:

– Ist die Gruppe überschaubar? Die Anzahl der Kinder ist gerade bei Jüngeren für das Wohlfühlen in einer Gruppe mitverantwortlich. Ein Übungsleiter kann in der Regel maximal 15–20 Kinder betreuen. Was darüber hinausgeht, wird zur Massenveranstaltung.

– Wie ist der Umgangston in der Gruppe? Freundlich und humorvoll oder kühl und befehlend?

Zum freudvollen Sich-Bewegen gehört eine entspannte, lustvolle Atmosphäre. Kinder spüren sehr schnell, ob sich ein Übungsleiter ihnen herzlich zuwendet oder ob er ihnen eher distanziert begegnet.

– Ist der Übungsleiter offen für Wünsche und besondere Interessen der Kinder, oder zieht er sein Programm durch, ohne auf spezifische Bedürfnisse der Teilnehmenden zu achten?

– Wie wird mit Kindern umgegangen, die bei bestimmten Angeboten nicht mitmachen wollen? Wird eine solche Entscheidung respektiert, oder wird das Kind direkt oder indirekt (durch Androhung von negativen Konsequenzen: „Dann brauchst du das nächste mal aber nicht mehr zu kommen") zum Mitmachen aufgefordert?

– Besteht das Übungsangebot aus einer vielseitigen Mischung aus Bewegungsspielen, oder werden nur Techniken und bestimmte Bewegungsfertigkeiten geübt?

Bei allen Sportangeboten gilt: Eltern sollten bei der Auswahl nicht den zukünftigen Turner, Tennisspieler oder Schwimmer in ihrem Kind sehen, sondern die Freude, die das Kind bei der Bewegung und der jeweiligen Sportart hat. Ist diese Freude an der sportlichen Betätigung nicht vorhanden und nimmt das Kind nur widerwillig an den Sportangeboten teil, dann nutzt auch das vermeintliche Talent nicht viel. Nur wenn das Sporttreiben das Hier und Jetzt, die Gegenwart des Kindes erfüllt, kann es Bedeutung für seine Zukunft haben.

# 10. Büchertips

In folgenden Büchern sind weitere Tips und Anregungen für Bewegungsspiele mit Kindern zu finden.

BRÜGGEBORS, G.: Körperspiele für die Seele. Reinbek: Rowohlt 1989

HOLLER, R.: Murmeln, Schusser, Klicker. München: Don Bosco 1994[6]

KIPHARD, E. J.: Unser Kind ist ungeschickt. München: Reinhardt 1984

LANGOSCH – FABRI, H.: Alte Kinderspiele neu entdecken. Reinbek: Rowohlt 1993

LORENZ,K./STEIN,G.: Eltern – Kind – Turnen. Celle: Pohl 1988

MASCHWITZ, G.u.R.: Stille – Übungen mit Kindern. München: Kösel 1993

MIEDZINSKI, K.: Die Bewegungsbaustelle. Dortmund: Modernes Lernen 1983

MÖNKEMEYER, K.: Spiele für alle fünf Sinne. Reinbek: Rowohlt 1992

PAULY, P./GEBHARD,M.: Mit Kindern turnen. Niedernhausen: Falken 1991

PETRI,A./WAITSCHIES,P.: . . .alles muß versteckt sein. München: Don Bosco 1989

PORTMANN,R./SCHNEIDER,E.: Spiele zur Entspannung und Konzentration. München: Don Bosco 1993[6]

REGEL, G. (Hrsg.): Kindgemäßes Lernen im Vorschulalter. Rissen: EBV 1990

SCHAFFNER, K.: Bewegen, Spielen und Tanzen für Kinder von drei bis acht Jahren. Celle: Pohl 1988

SCHAFFNER, K.: Die Welt ist schön. Pohl: Celle 1991

SCHEID, V./PROHL, R.: Kinder wollen sich bewegen. Dortmund: Modernes Lernen 1988

STEUER, H.: Auf Straßen und Plätzen spielen. München: Hugendubel 1988

ZIMMER, R.: Sport und Spiel im Kindergarten. Aachen: Meyer & Meyer 1992

ZIMMER, R.: Bewegte Kindheit. Schorndorf 1997

ZIMMER, R.: Kreative Bewegungsspiele. Psychomotorische Förderung im Kindergarten. Freiburg 2001[13]

ZIMMER, R.: Handbuch der Bewegungserziehung. Freiburg: Herder 2001[11]

ZIMMER, R.: Handbuch der Sinneswahrnehmung. Freiburg 2000

ZIMMER, R.: Was Kinder stark macht. Freiburg 2001

ZIMMER, R./CICURS, H.: Psychomotorik. Schorndorf: Hofmann 1993[3]

ZIMMER, R./CLAUSMEYER, I./VOGES, L.: Tanz – Bewegung – Musik. Situationen ganzheitlicher Erziehung im Kindergarten. Freiburg: Herder 1991